U0508475

浙江文化艺术发展基金资助项目

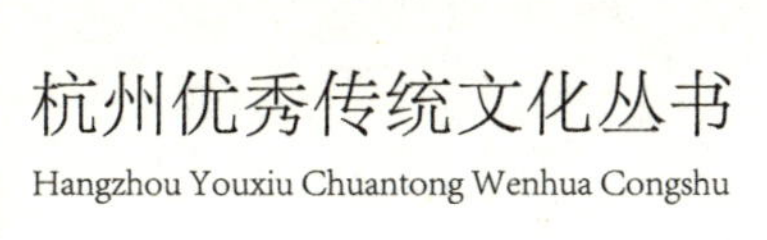

青山流水读书声

庞惊涛——著

杭州出版社

图书在版编目（CIP）数据

青山流水读书声 / 庞惊涛著 . -- 杭州 : 杭州出版社 , 2022.8
（杭州优秀传统文化丛书）
ISBN 978-7-5565-1664-3

Ⅰ . ①青… Ⅱ . ①庞… Ⅲ . ①儒学—研究—杭州②书院—教育史—杭州 Ⅳ . ① B222.05 ② G649.295.51

中国版本图书馆 CIP 数据核字（2022）第 004135 号

Qingshan-Liushui Dushu Sheng

青山流水读书声

庞惊涛/著

责任编辑 杨 凡
装帧设计 祁睿一 李铁军
美术编辑 祁睿一
责任校对 段伟文
责任印务 屈 皓
出版发行 杭州出版社（杭州西湖文化广场32号6楼）
电话：0571-87997719 邮编：310014
网址：www.hzcbs.com
排 版 浙江时代出版服务有限公司
印 刷 天津画中画印刷有限公司
经 销 新华书店
开 本 710 mm × 1000 mm 1/16
印 张 16.5
字 数 206千
版 印 次 2022年8月第1版 2022年8月第1次印刷
书 号 ISBN 978-7-5565-1664-3
定 价 58.00元

序 言

文化是城市最高和最终的价值

我们所居住的城市，不仅是人类文明的成果，也是人们日常生活的家园。各个时期的文化遗产像一部部史书，记录着城市的沧桑岁月。唯有保留下这些具有特殊意义的文化遗产，才能使我们今后的文化创造具有不间断的基础支撑，也才能使我们今天和未来的生活更美好。

对于中华文明的认知，我们还处在一个不断提升认识的过程中。

过去，人们把中华文化理解成“黄河文化”“黄土地文化”。随着考古新发现和学界对中华文明起源研究的深入，人们发现，除了黄河文化之外，长江文化也是中华文化的重要源头。杭州是中国七大古都之一，也是七大古都中最南方的历史文化名城。杭州历时四年，出版一套“杭州优秀传统文化丛书”，挖掘和传播位于长江流域、中国最南方的古都文化经典，这是弘扬中华优秀传统文化的善举。通过图书这一载体，人们能够静静地品味古代流传下来的丰富文化，完善自己对山水、遗迹、书画、辞章、工艺、风俗、名人等文化类型的认知。读过相关的书后，再走进博物馆或观赏文化景观，看到的历史遗存，将是另一番面貌。

过去一直有人在质疑，中国只有三千年文明，何谈五千年文明史？事实上，我们的考古学家和历史学者一直在努力，不断发掘的有如满天星斗般的考古成果，实证了五千年文明。从东北的辽河流域到黄河、长江流域，特别是杭州良渚古城遗址以距今5300—4300年的历史，以夯土高台、合围城墙以及规模宏大的水利工程等史前遗迹的发现，系统实证了古国的概念和文明的诞生，使世人确信：这里是古代国家的起源，是重要的文明发祥地。我以前从来不发微博，发的第一篇微博，就是关于良渚古城遗址的内容，喜获很高的关注度。

我一直关注各地对文化遗产的保护情况。第一次去良渚遗址时，当时正在开展考古遗址保护规划的制订，遇到的最大难题是遗址区域内有很多乡镇企业和临时建筑，环境保护问题十分突出。后来再去良渚遗址，让我感到一次次震撼：那些“压”在遗址上面的单位和建筑物相继被迁移和清理，良渚遗址成为一座国家级考古遗址公园，成为让参观者流连忘返的地方，把深埋在地下的考古遗址用生动形象的“语言”展示出来，成为让普通观众能够看懂、让青少年学生也能喜欢上的中华文明圣地。当年杭州提出西湖申报世界文化遗产时，我认为这是一项需要付出极大努力才能完成的任务。西湖位于蓬勃发展的大城市核心区域，西湖的特色是“三面云山一面城”，三面云山内不能出现任何侵害西湖文化景观的新建筑，做得到吗？十年申遗路，杭州市付出了极大的努力，今天无论是漫步苏堤、白堤，还是荡舟西湖里，都看不到任何一座不和谐的建筑，杭州做到了，西湖成功了。伴随着西湖申报世界文化遗产，杭州城市发展也坚定不移地从“西湖时代”迈向了“钱塘江时代”，气势磅礴地建起了杭州新城。

从文化景观到历史街区，从文物古迹到地方民居，众多文化遗产都是形成一座城市记忆的历史物证，也是一座城市文化价值的体现。杭州为了把地方传统文化这个大概念，变成一个社会民众易于掌握的清晰认识，将这套丛书概括为城史文化、山水文化、遗迹文化、辞章文化、艺术文化、工艺文化、风俗文化、起居文化、名人文化和思想文化十个系列。尽管这种概括还有可以探讨的地方，但也可以看作是一种务实之举，使市民百姓对地域文化的理解，有一个清晰完整、好读好记的载体。

传统文化和文化传统不是一个概念。传统文化背后蕴含的那些精神价值，才是文化传统。文化传统需要经过学者的研究提炼，将具有传承意义的传统文化提炼成文化传统。杭州与丛书作者在创作方面作了种种古为今用、古今观照的探讨交流，还专门增加了“思想文化系列”，从杭州古代的商业理念、中医思想、教育观念、科技精神等方面，集中挖掘提炼产生于杭州古城历史中灵魂性的文化精粹。这样的安排，是对传统文化内容把握和传播方式的理性思考。

继承传统文化，有一个继承什么和怎样继承的问题。传统文化是百年乃至千年以前的历史遗存，这些遗存的价值，有的已经被现代社会抛弃，也有的需要在新的历史条件下适当转化，唯有把传统文化中这些永恒的基本价值继承下来，才能构成当代社会的文化基石和精神营养。这套丛书定位在“优秀传统文化”上，显然是注意到了这个问题的重要性。在尊重作者写作风格、梳理和讲好“杭州故事”的同时，通过系列专家组、文艺评论组、综合评审组和编辑部、编委会多层面研读，和作者虚心交流，努力去粗取精，古为今用，这种对文化建设工作的敬畏和温情，值得推崇。

人民群众才是传统文化的真正主人。百年以来，中华传统文化受到过几次大的冲击。弘扬优秀传统文化，需要文化人士投身其中，但唯有让大众乐于接受传统文化，文化人士的所有努力才有最终价值。有人说我爱讲“段子”，其实我是在讲故事，希望用生动的语言争取听众。今天我们更重要的使命，是把历史文化前世今生的故事讲给大家听，告诉人们古代文化与现实生活的关系。这套丛书为了达到“轻阅读、易传播”的效果，一改以文史专家为主作为写作团队的习惯做法，邀请省内外作家担任主创团队，组织文史专家、文艺评论家协助把关建言，用历史故事带出传统文化，以细腻的对话和情节蕴含文化传统，辅以音视频等其他传播方式，不失为让传统文化走进千家万户的有益尝试。

中华文化是建立于不同区域文化特质基础之上的。作为中国的文化古都，杭州文化传统中有很多中华文化的典型特征，例如，中国人的自然观主张“天人合一”，相信“人与天地万物为一体”。在古代杭州老百姓的认知里，由于生活在自然天成的山水美景中，由于风调雨顺带来了富庶江南，勤于劳作又使杭州人得以“有闲”，人们较早对自然生态有了独特的敬畏和珍爱的态度。他们爱惜自然之力，善于农作物轮作，注意让生产资料休养生息；珍惜生态之力，精于探索自然天成的生活方式，在烹饪、茶饮、中医、养生等方面做到了天人相通；怜惜劳作之力，长于边劳动，边休闲娱乐和进行民俗、艺术创作，做到生产和生活的和谐统一。如果说“天人合一”是古代思想家们的哲学信仰，那么“亲近山水，讲求品赏”，应该是古代杭州人的生动实践，并成为影响后世的生活理念。

再如，中华文化的另一个特点是不远征、不排外，这体现了它的包容性。儒学对佛学的包容态度也说明了这一点，对来自远方的思想能够宽容接纳。在我们国家的东西南北甚至是偏远地区，老百姓的好客和包容也司空见惯，对异风异俗有一种欣赏的态度。杭州自古以来气候温润、山水秀美的自然条件，以及交通便利、商贾云集的经济优势，使其成为一个人口流动频繁的城市。历史上经历的“永嘉之乱，衣冠南渡”，“安史之乱，流民南移”，特别是“靖康之变，宋廷南迁”，这三次北方人口大迁移，使杭州人对外来文化的包容度较高。自古以来，吴越文化、南宋文化和北方移民文化的浸润，特别是唐宋以后各地商人、各大商帮在杭州的聚集和活动，给杭州商业文化的发展提供了丰富营养，使杭州人既留恋杭州的好山好水，又能用一种相对超脱的眼光，关注和包容家乡之外的社会万象。这种古都文化，也代表了中华文化的包容性特征。

城市文化保护与城市对外开放并不矛盾，反而相辅相成。古今中外的城市，凡是能够吸引人们关注的，都得益于与其他文化的碰撞和交流。现代城市要在对外交往的发展中，进行长期和持久的文化再造，并在再造中创造新的文化。杭州这套丛书，在尽数杭州各色传统文化经典时，有心安排了“古代杭州与国内城市的交往”“古代杭州和国外城市的交往”两个选题，一个自古开放的城市形象，就在其中。

“杭州优秀传统文化丛书”团队在传统和现代的结合上，想了很多办法，做了很多努力。传统文化丛书要得到广大读者接受，不是件简单的事。我们已经走在现代化的路上，传统和现代的融合，不容易做好，需要扎扎实实地做，也需要非凡的创造力。因为，文化是城市功能的最高价值，也是城市功能的最终价值。从“功能城市”走向“文化城市”，就是这种质的飞跃的核心理念与终极目标。

单霁翔

2020 年 9 月

（单霁翔，中国文物学会会长）

浙江名胜图（局部）

目　录

第三章

心学言传

第四章

实学普及

第五章

西学东渐

楔子：西湖边开启的一堂辅导课

烟雨西湖，如梦如幻。

人道“晴湖不如雨湖，雨湖不如月湖，月湖不如雪湖”，这个说法固然有道理，但我还是觉得差了点什么。

晴、雨、月、雪，自然气象的馈赠，让本来就秀绝天下的西湖更美，这是毫无疑义的。但是，看重自然馈赠的人们，显然没有注意到西湖的另一种美，那就是：无论你是行走游观还是坐卧静赏，都能隐隐听到琅琅的吟诵之声。

只有人和文化的护持，风景才会更具神韵。这是我的感悟，也是我退休后常到西湖来走走的原因。十多年了，我逐渐品出了一点道理，那就是：没有人的参与，没有文化的护持，再美的风景都留不住人，也留不下多少有价值的东西。

我是谁？

呵呵，我不过是一个普通的退休语文老师。祖上在山东即墨，喜欢杭州，后来就定居这里了。我觉得我天生就该是杭州人。

不要觉得游人太多、太吵闹，你就听不见这些吟诵之声。只要用心了，你不仅能听见附近学校里和你们一般大的同学们朗诵古诗文的声音，还能听见百多年前，甚至几百年前，那些西湖边上的书院生徒们，朗诵诸子经典的声音。

玄妙？

这并不玄妙。同学们，如果你们相信念力的存在，就会觉得杭州历史上那些书院中的师生们，和你们一样还在上课，也就能感知到他们的吟诵之声。这些书院是杭州历史上当之无愧的重点学校，和你们现在读的二中、学军、杭高没什么两样！它们和西湖融为一体，构成了杭州这座城市最重要的一道风景。

你们想听我讲讲这些书院的故事？

这倒是一件有意思的事。我祖上就读于书院，后来自己也开书院，我当老师算是继承祖业。我读了他们留给我的很多讲义和手稿，小时候又听他们讲了很多历史上有名的老师的故事，退休后也一直在观察和思考怎样才能让传统书院教育与当代教育理念相结合的问题，所以，继续客串一下你们的课外辅导老师应该还是可以的吧！

一定要给这堂辅导课取个名字？

让我想想。

我当了半辈子的老师，知道你们顶喜欢老师讲故事。

那我们就给这个辅导课取“杭州书院故事”这个名字吧，怎么样？

好，那就这么定了。你们不来，我不离开。一个也行，三五个也好，人多呢，我们就席地而坐，像在教室里一样。

今天，我们就从范仲淹贬谪睦州这个事件讲起吧。

第一章 儒学津梁

枯木傍溪崖，由来岁月赊。
有根盘水石，无叶接烟霞。
二月苔为色，三冬雪作花。
不因星使至，谁识是灵槎？

维夏四月，淮河水道的一艘客船上，一个面容刚毅的中年男子站在船首，吟咏着这首晚唐诗人翁洮[1]的《枯木诗辞召命作》。

有根无叶的枯木，以水石为根，以烟霞为叶，以青苔为色，以白雪为花，如果不是朝廷派使臣来征召，又有哪个晓得我的归隐之乐以及满腹才华呢？

枯木是自负的，乃因它生活在如此绝美的世外之境。

碧水有情，春山可望。此刻，这个男子深深为桐庐郡这迷人的山光水色欣悦不已。

他是做不得枯木的，却也不免有归隐林下、读书育人的理想。这一年，他已经46岁了，一个更远大的理想始终在他的心里萌发生长，且随着年岁的增长，越来越

① 翁洮（约830—约910）：字子平，号青山，晚唐睦州寿昌（今建德市寿昌镇）人。辞官归里后创办青山书院，是杭州历史上最早的书院，也是中国最早的书院之一。

强烈和旺盛。

这个理想，就是“心忧天下，经世济民”。它不是读书进入仕途后才慢慢滋生的，似乎从他稍稍记事开始，这个理想就形成了，仿佛与生俱来。进入仕途后，这个理想渐渐变得具体起来，他看到了问题所在，也知道该怎样去克服和解决这些问题，才能一步一步接近这个理想。

朋友们说他痴狂，并劝他不妨舍天下而安己身：天下大事，个人的那点力量能有什么作用，过好自己的小日子就好了。那样的理想不过是水中之月，是虚幻而不可即之境。

对这样的劝解，他只是笑笑，却有自己的主张，他从来就是一个目标清晰且不为外力撼动的人。去年（明道二年，公元1033年）冬，为劝谏官家废黜郭皇后一事，他上了《谏废郭后奏》，官家一怒之下，将他从右司谏的京职贬谪到睦州。

京城送别的时候，朋友们又劝他：“废后是官家后宫自己的事，与天下事了无关涉，你又何必多言？”他照例是温然一笑，之后还是激昂地说出了自己的想法：“后宫事关前朝，后宫若乱，前朝必受波动，官家必受影响，废后一事，岂能和天下事无涉？”

这一路山水兼程、布衣匹马走来，他也想得透彻，此生决不计个人得失，唯以天下事为重。进入桐庐境，这首“枯木”诗竟然不请自“来”，仿佛是扑面而来的桐庐佳山丽水的附赠。虽然调子上是岑寂而封闭的，但因为出产于这片山水，倒也算得上是应景。

翁洮生于睦州寿昌，从礼部主客司员外郎兼殿中侍御史任上辞官归里后，隐居在距寿昌城西十几里的航川中村（今航头），自号青山，创立书院，立志教书育人，寄治国安邦之宏志于翁家后嗣与睦州后学。这个书院作为杭州历史上的第一所书院，便以翁洮的号为名，是为“青山书院”。

这一段历史，他是知道的。虽然青山书院存续时间并不长，翁洮去世后，逢五代十国之乱，青山书院的读书灯很快便不再重辉，但其以发出兴学育人第一道光的卓越地位仍然烛照后来，为天下儒生所津津乐道。昔年，受应天知府晏殊[1]之邀，他曾执掌应天府书院，他记得到书院后的第一堂课，就给儒生们讲到了先贤翁洮的青山书院。

六年时间过去了，没想到他又来到了翁洮的故乡。

睦州之任将如何作为？

江湖之近，庙堂之远，自己亲身行来，两者也并非天渊之隔，而是彼此勾连。他并不生官家的气，反而对官家将自己贬谪到这样一个文教名邦、山水佳胜之地心存感激。

他似乎已经有了答案。青山流泉，圣道永传，翁洮虽作古，青山书院遗迹犹在，而踵武前贤，传灯不乏，自己理应接过兴学育人的大旗，从兴办书院入手，为地方百姓做一些更有益的事。

一念及此，适才受诗意影响而偶生的退隐之心不觉一扫而光，他对即将到来的睦州岁月竟然有些迫不及待了。

他就是“先天下之忧而忧，后天下之乐而乐”的大

① 晏殊（991—1055）：字同叔，抚州临川（今属江西）人，北宋政治家、文学家。与范仲淹既是政治上的盟友，又是文学上的同道。

宋代刘松年的《秋窗读书图》反映了宋朝文人们在家读书的状态，正是这些文人墨客孜孜以求的求学态度，才有了书院勃兴的基石

宋名臣范仲淹，北宋杰出的思想家、政治家和文学家。根据他在兴办书院、培育人才方面的影响和贡献，给他加上“教育家”这个身份也是合适的。

这是宋仁宗景祐元年（1034），范仲淹第二次踏上杭州这片土地。38岁那年，他在兴化知县任上时，曾和好友有杭州、诸暨之游。在杭州时，他曾去拜访过隐居西湖孤山，终生不娶不仕，以梅花为妻、以鹤为子的林逋林处士，此后两人便多有诗文唱酬。此番到睦州，两地在行政上虽互不辖制，但无论水路还是陆路，俱可一日到达，因此，对睦州的亲近感，或许便来源于杭州的那些历史风物和与他交往的人物。

睦州码头，前来等候迎接的府衙僚属煞有介事地备了轿马，可惜他们皆不认识范大人，等满船客人都走完了，他们才发觉，一身布衣的范大人，早已经不动声色地从他们身边走过了。

范仲淹的睦州岁月

到睦州治所梅城之后的第二日，一应交班事务完毕，范仲淹便轻车简从，往纪念严光[①]的子陵钓台而去。

无心富春山的迷人春景，他在赴任睦州的路上，念念不忘的第一件事，便是到严光祠凭吊。此刻，看着衰败不堪、杂草丛生，早已无人照料的严光祠，他心里隐隐生起一种负疚感。燃香祭拜时，他都未敢直视严先生炯炯的双眼，他怕被斥责：你们这些不肖的后人啊！

邑老闻知知州范大人来了，当即在族中后生的搀扶下赶来相见。刚一落座，尚未叙礼，范大人便迫不及待地问："严祠安得残败如此？"

"范大人有所不知，十国乱后，虽偶有修缮，但都不过勉力维持，且所需资财，多年来并无专项，加之地方怠惰，日久不问。其中虽多有呼告，奈何地偏声弱，难达上听，终成今日之状。"邑老早闻范大人高名，因此这番对答里，竟是满含期许。

"国朝以来，承平已数十年，照说不该如此啊！"范仲淹不忘向邑老施礼，像是回应，也像是自问。以他在

① 严光（前39—41）：又名遵，字子陵，会稽余姚（今浙江余姚）人，东汉著名隐士。今杭州桐庐有纪念严光的严子陵钓台等遗迹。

应天府书院读书和掌教多年的经验，他知道，原因不仅在于邑老所言的资财、懒政两点，还有地方士林风气的缘故。

接下来，他向邑老及地方官学执掌者了解到的情况印证了他的猜测：因向学风气不淳不厚，睦州数十年来登进士榜的儒生数量确乎下降明显。

“昔子陵先生归隐桐庐，非为一己之私，其身教言传，于地方教化厥功至伟，理不应埋没。”范仲淹在视察结束后与邑老、府县诸级僚属座谈时，作了一番慷慨激昂又颇有见地的陈辞，“范某为官地方，兴地方之学责无旁贷。凡我睦州官民，当明白：不修祠，何以尊严先生；不尊严先生，何以弘学问；不弘学问，何以举人才；不举人才，何以强国家？是故，范某来睦州，当以修缮严先生祠为第一要务，望我州民，无论士农工商，勠力同心，共襄此举。范某虽薪俸微薄，愿捐半年薪俸，以倡义事。”

知州范大人捐了半年薪俸修复严子陵钓台的消息，很快便在睦州上下传开了，感化响应者纷纷解囊，不数日便募得了足额的资金。范仲淹让州府造册登记，一部分资金专项用于修缮，另留一部分资金用于日后的管理维护，剩余资金，他计划用在即将启动的兴办书院事务上。同时，他又以睦州政令的形式，公开免除严家后代四家的税赋，用作奉侍祠堂的费用。如此种种，皆体现出范仲淹非同前任的理政能力。

在副手章岷①的具体指挥下，不久，子陵祠堂就修复一新。祠堂重光当日，范仲淹又请来邑老及一众乡贤见证。

“范大人文章名垂宇内，成此盛事，理应记之，使后来仰望追念，小老儿自请为范大人侍墨。”

①章岷：生卒年不详，字伯镇，建州浦城（今属福建）人。范仲淹知睦州时，章岷为睦州推官。

“岂敢岂敢。此记昨夜已得之，若诸位不嫌鄙陋，范某愿诵读之。”说着便从袖中徐徐抽出了一个卷轴，知州范大人看来是早有准备的。

众人都知范大人至情至性，能欣赏到他来睦州之后的第一篇文章，自然是非常有幸，当即鼓掌叫好。

范仲淹于是展卷朗声诵读道：

> ……仲淹来守是邦，始构堂而奠焉，乃复其为后者四家，以奉祠事。又从而歌曰：“云山苍苍，江水泱泱；先生之德，山高水长！”

在这篇《严先生祠堂记》里，范仲淹认为，无论是汉光武帝，还是严光，他们的德行都非常高尚，不仅可以使贪利的人变得廉洁，还能让懦弱的人变得奋发自立，这样高尚的德行，对礼教的提高是大有功劳的！范仲淹在这篇记的最后，表达了他对严先生的恭敬和诚意：我来这里任职后，第一件事就是建造祠堂来祭奠先生，又免除了先生四家后裔的赋役，让他们专职负责祭祀。他同时作了一首歌：云雾缭绕的高山郁郁苍苍，大江的水浩浩荡荡，先生的品德啊，比高山还高，比长江还长。

应邀前来观礼的范仲淹好友李觏[①]在众人喝彩声止息后直言道：“希文此记甚好，改一字更好！”

众人皆看向李觏，心想如此妙文，还需要改吗？却见李觏从容道：“先生之‘德’，改为先生之‘风’，如何？”

范仲淹捻须沉吟，少顷，鼓掌道：“李兄一字师也，范某佩服。‘先生之风，山高水长’，如此甚好，甚好！哈哈哈哈哈！”

① 李觏（1009—1059）：字泰伯，号盱江先生，北宋建昌军南城（今江西抚州）人，北宋哲学家、思想家、教育家、改革家。公元1034年，受范仲淹邀请，主讲睦州龙山书院。

重修严子陵祠堂后，范仲淹又找来章岷，陈述了自己建书院的想法。章岷也认为，睦州府学栖身孔庙，确实太过局促。范仲淹便问："你熟悉睦州地情，可有相宜之地扩建书院？"章岷推荐道："州府治所外北三里地，拱辰门外之乌龙山有一座规模很大的寺庙，稍作修缮，倒是一个建书院、兴府学的理想之地。大人得空，可择日考察之后定夺。"

范仲淹是个急性子，相处既久，他相信章岷的为人和办事能力，更不想把时间浪费在这些官场虚套上，因为请示、论证，公文流转，往还反复，于做事之人，最是厌烦，于是慨然道："不必再去考察，你既已思虑成熟，即可着手，原寺庙之处置亦由你裁度，不必再请而行之。"

章岷得到范仲淹的首肯，便拿出了雷厉风行的办事态度，募资金、迁寺庙、做规划、招工匠，不数月，书院即告修缮完成。

这一日，范仲淹和章岷从书院修缮现场返回府衙，章岷便请示道："书院既成，讲习尚缺，此人须得学问与德行品藻皆为上乘者，大人不妨兼而任之，以满足郡中学子之望。"

章岷此番建言，思考已久，显然不是溜须拍马的临时作为。但范仲淹早有计划："可记得严先生祠堂重光当日，改范某一字的李先生？泰伯道德文章，皆不在范某之下，执掌书院，是不二之选。范某当修书一封，力邀泰伯前来。"

夜间，睦州府衙，范仲淹展纸濡墨，笔走龙蛇。少顷，一封情真意挚的《与李泰伯书》便写成了：

别来倾渴无已，想至仙乡，拜庆外无恙。此中佳山水，府学中有三十余人，阙讲贯，与监郡诸官议，无如请先生之来，必不奉误，诚于礼中大有请益处，至愿至愿……此地比丹阳又似闲暇，可以卜居，请一来讲说，因以图之，诚众望也。

这封信的大意是说：自上次分别之后，我就十分想念您，想必您一切都是好的吧。我新任职的这个地方，风景很好，美中不足的是府学中缺老师。我跟其他同事商议之后，想请先生您来执教，希望您不要推辞啊！您是众望所归啊！

其时，李觏已在故乡盱江边建了盱江书院，周边郡县数十近百生徒来学。收到范仲淹的邀请信后，李觏对盱江书院的教学事务稍作安排，即买舟而下，就任龙山书院讲习。

范仲淹也经常去书院，以一州之长的身份为儒生们讲学。作家陆春祥笔下，对范仲淹倡导建立起来的龙山书院欣欣向学的情形有如下生动记录：

除李教授主讲外，龙山书院的学子们，也经常能见到他们这位州长的身影。范知州讲课，深入浅出，有声有色，他在应天书院的苦学精神不断激励着学子们；他在应天书院的教学和管理经验，使龙山书院在短时间内迅速声名远播，谆谆教诲，经世致用，睦州士子学风一时大有改观。

有龙山书院引领，睦州的官办和义学书院如雨后春笋般涌现。其中著名书院有钓台书院、丽泽书院、宝贤书院、文渊书院、石峡书院、五峰书院、瀛山书院等，共计30多所。书院的直接成果就是辈出的人才，据资料，仅两宋，睦州的詹骙、方逢辰等甲第魁首，进士及第 300 多人。遂安詹氏一门出了 24 位进士。[①]

这一年的六月，朝廷诏令范仲淹移守乡郡姑苏。范仲淹在睦州，前后虽然只有短短的百数日，却重修严子陵祠、兴建龙山书院，做出了许多前任积政多年都没有做到的文教实绩，为地方百姓所感念。

离任那天，邑老来送行，潸然泪下："老夫年迈，有缘得遇范大人，无缘亲近更多岁月，再见之期，恐是无望了。"

范仲淹握着邑老的手，感动不已："范某不才，无功于睦州，兴学之事，还赖乡老及诸君了。睦州望地，范某定当常来。"

言毕，依然布衣只身，登舟而去。

很多年后，他果然不负此番发愿，重来睦州。那时，他以知杭州的身份，来睦州凭吊严子陵祠。只是，这一年，他已经 61 岁了，即将走到生命的终点。

① 陆春祥：《"第一流"人物：范仲淹》，《光明日报》2020 年 5 月 1 日，第 5 版。

王安石杭州问学

如果将视线从西湖的平面上升 500 到 1000 米，以此来观察杭州城，会发现西湖毫无争议的城市中心地位。那一汪碧蓝的水域，是杭州城的肺，也是杭州城的眼，更是这座名城的文化中枢。

自白居易、苏轼两位文人官员大规模修浚西湖之后，西湖的规制到宋时已基本定型。从宋人留下的《西湖图卷》或《京城图》里可以看到，王朝的行政机构密集地依傍西湖而布置，无数大小规模不等的寺院也以西湖为中心散布，他们当中的一部分，便承担着书院的功能。

杭州的一些世家大族，出于教育子弟的需要，延聘饱学之士为先生，到自家兴办的家学中教授自家的子弟，这便是杭州书院的历史之源。

还有一小部分避世隐居的读书人，他们将自己读书治学的地方也命名为书院。这种书院更类似于今天所称的书房，因为它并不具备讲学、藏书和祭祀的功能，而后面这三种功能，恰好是书院存在的核心意义。

范仲淹的《岳阳楼记》，开篇“庆历四年（1044）春”

交代的这个历史时间节点，至今依然被研究历史的人所乐道。原因在哪里？因为它代表着一个治世最应该呈现的样子。

天下合久必分，分久必合。还有一句话，天下治久必乱，乱久必治。北宋王朝终止了五代以来纷乱不息的局面，又经过开国数代皇帝的励精图治，到了宋仁宗时，出现了欣欣向荣的治世之局。一个典型的表现，就是文教的兴旺。

哪一个治世的局面，能跟文教的兴旺没有关系？汉代文翁在蜀地兴学，看起来偏于一隅，不是帝国意志，但他对汉武帝后来推行“尊儒兴学”产生了重要的影响，终汉武帝时期，儒家思想始终是汉代统治的核心思想，郡县设置的官学，也始终将儒家思想确立为汉代思想政治教育的核心思想。

范仲淹像

再看唐贞观十四年（640），太宗巡幸国子监之后推行的一系列发展文教的新政，都是一个治世最突出的表征。

时代因素对一个人成就事功往往产生着非常重要的影响。发出“先忧后乐”之谓的范仲淹能够在仁宗朝推行“庆历兴学”，也是时代因素所致。一方面，治世中隐含着深刻的动乱基因，北宋建国后面临着频繁的农民起义；另一方面，辽、西夏等少数民族政权又时刻给北宋带来巨大的威胁，内外矛盾交困，迫使仁宗推行改革，以维护王朝统治的稳定和繁荣。范仲淹在庆历三年（1043）向仁宗所上的《答手诏条陈十事疏》，可谓深得其时，用今天的话说，就是“瞌睡来了刚好遇到枕头”。这是范仲淹的机遇，也是仁宗的机遇，更是一国之民的机遇。

在范仲淹所提的十条改革措施中，和文教振兴有关的是“精贡举”，被列于第三，可见文教在整个帝国改革中的重要性。有关教育方面的改革，具体而言，主要包含以下三方面：一是令州县立学，规定应试科举的士人须在学校习业三百日，方许应举。这项措施旨在避免学校流于形式而沦为单纯培训应试举人的场所，进而保障学校的正常教学秩序。二是改革科举考试内容，罢帖经和墨义，着重策论和经学。三是振兴太学，将胡瑗[①]的“苏湖教学法”引进太学，创立分科教学和学科的必修、选修制度，体现对当时教育空疏、流于形式的批判。

历史上的改革，大多难以达到预期；而那些矢志于推进国家繁盛、社会进步和人民福祉的改革者，也总是会遇到各种各样的阻力和困难。

范仲淹也没有成为例外，尤其是“庆历兴学”在推行过程中也遇到了很多困难，最终因受到当朝权贵阶层的抵触而不得不在短短一年多后便告流产，但范仲淹和胡瑗的联手，还是对北宋早期官学的发展产生了积极的影响，尤其是对各地书院的发展和对帝国人才的培养，其效果实实在在地从苏州、湖州而至杭州，再由杭州而至全国，层层推进，全面开花。

① 胡瑗（993—1059）：字翼之，泰州如皋县（今江苏南通）人，北宋学者、教育家。他在苏州、湖州郡学的教学方法，合称为“苏湖教学法”，被太学所取法。

大约三十年之后，改革家王安石继范仲淹之志，再次举起了兴学的大纛。

而从睦州到苏湖，最后到杭州，从北宋至南宋，可以看到一条清晰的儒家圣学传布路径，枢纽所系者，正在范仲淹一人。

北宋皇祐元年（1049）正月，范仲淹奉仁宗命由邓州（河南）移知杭州。此时，61 岁的范仲淹其实已经疾病缠身、身心疲惫。仁宗的这番任命，虽然不无照顾的成分，但对为政从不懈怠的范仲淹来说，主理这个人口众多、风物萃集、英才辈出的两浙中央城邦，自当全力为之。途经家乡苏州时，他和兄长范仲温商议，用自己毕生所积，在苏州购买良田千亩，以此为财力基础，开办范氏义庄，并亲定义庄规程，使族中贫困者“不复有寒馁之忧”，“日有食，岁有衣，嫁娶凶葬则有赡”。办义庄的另外一个目的，就是范仲淹多年以来孜孜以求的“立塾以教”，“教养咸备”。义庄有了义学，这兴学的理念亦随范仲淹到了杭州。

胡瑗与庆历兴学，这一段历史之前看似和杭州没有多少关系，却因一件大事件在杭州巧妙地相合了：

范仲淹在杭州任上，与后来的改革家王安石在杭州有了一次历史性会见。

皇祐二年（1050）春，久慕范仲淹之名的王安石获知范仲淹来杭州任职后，大喜若狂，当即投书范仲淹，期待能来杭州拜见。

小粉丝想见大偶像，这事范仲淹应该遇到不少，一般情况下，他能推也就推了。可这回投书的小王大人似乎不同，从字里行间，范仲淹读出了王安石和自己有相同的气性，也读出了这个后辈以天下为己任、锐意革新的革新者气质。于是他回信王安石，欣然和王安石相约杭州。

其时，王安石正在鄞县（今宁波）任职，两地水程，两天即可到达。在西湖边，刚一见面，两人虽然年岁相差不少，但同声相应，同气相求，如认识多年的故交一样，有说不完的话。

“先生推行庆历新政，所提振文教十条，皆切时弊，也必能为国家择贤才、选栋梁，中道而废，晚生深为之惜。”有幸拜会名重天下的范大人，王安石迫切希望他能说出庆历新政中道而废的真正原因，以为后来者所戒。

“改革之成败，系乎朝局，却也系乎时遇。时遇不睐于仲淹，虽天子勉为，奈何？”范仲淹显已平复了新政失败以来久积的沉郁心情，反过来安慰王安石这个热情洋溢、勇气可嘉的后辈：“国朝积弊已久，改革势在必行，君等可择时进良策，切不可因仲淹之遇而退却。”

“敢问先生，欲作改革家，应有何等才能？”

“良智良策之外，唯需正义与勇气。”范仲淹语重心长地说，“改革当首要为天下苍生计，而不仅仅为国家社稷计。仲淹所谓‘求民疾于一方，分国忧于千里’，‘视阙政如己之疾，视恶吏如己之仇’，‘慨然有益天下之心，垂千古之志’，‘不以一身之戚，而忘天下之忧’，‘公罪不可无，私罪不可有’，‘思天下匹夫匹妇有不被其泽者，若己推而内之沟中’，‘舍一身之私，从万人之望’，‘宁鸣而死，不默而生’，‘寸怀如春风，思与天芳’，‘但愿天下乐，熙熙千万春’，此皆正义与勇气要旨。正义不存，则改革有偏；勇气不存，则改革无力。”

“先生人格之完美，爱国之深沉，学问之博大，勇气之超然，当世罕见，学生望之如泰山北斗。期先生鼓余勇，再入中枢，复行新政。”王安石还存着这样炽热的理想，他希望官家有一天能召回范仲淹，重新推行新政，自己愿鞍马相随，一效犬马之劳。

“官家为政，有不可为人道之难，为臣下者，不能不虑及此。再者仲淹年高体衰，恐来日无多，只能寄希望于君等了。”

王安石听罢范仲淹此言，不觉大恸，这是改革家惺惺相惜的情感联通，也是后辈为老师“改革未成身先死”的惋惜。他不禁一跪触地，恭敬行弟子叩拜之礼，动情道：“先生不弃，学生愿追随座下，接过改革火种。”

王安石的敞开心扉，让范仲淹看到了一个继自己之后即将崛起的改革新星。他敏锐地觉察到，这是一位难得的人才，如果他能接过自己的改革大旗，必将是求之不得的天缘。他俯身搀起王安石，温言道：“能得君为弟子，仲淹之幸也。君需牢记一条，将来倘进中枢，主持改革大计，万不可忘兴书院、振文教。”

“学生记下了。”

范仲淹与王安石这次西子湖畔的师生相见，完成了北宋历史上这一前一后两位改革家的心灵交汇。范仲淹的改革火种，也经由这次相见，在王安石心中点燃。

在宋神宗的支持下，从鄞县一步一步进入国家权力中心的王安石实施了一系列改革措施，他不忘老师当年的提醒，兴学成为这次改革的重要内容。这次兴学，较范仲淹的庆历兴学，虽然思路一致，但对北宋文教系统的改革更深入、更全面、更彻底。

一是继续改革太学，首倡三舍法，即将太学分为外舍、内舍、上舍三个等级，太学生员依照学业程度，通过考核依次升舍；二是扩建和整顿地方官学，设置学官，负责管理当地教育，朝廷还为州县学府提供学田，保障物质条件；三是恢复和创立了武学、律学、医学等专门学校，培养专才；四是编撰统一教材，朝廷设立经义局，王安石亲自修撰《诗》《书》《周礼》三经义，官方考试、讲经皆以此为本。

范仲淹和王安石的改革，总体上都以失败而告终，但这两次兴学，却是两人的改革中受到冲击最小的部分，一个核心的原因就在于兴学利大于弊，有很好的群众基础。

北宋历史上还有一次兴学，就是权臣蔡京在徽宗崇宁元年（1102）主持的崇宁兴学。尽管提起蔡京，大多数人并不喜欢，但他主持的崇宁兴学有一点功绩不能被忽视，那就是将官学推广到基层，设置县学。至此，官学形成了遍布全国州县的学校网络，在数量上、规模上以及分布范围上，都远远地超过了前两次兴学。

从这个意义上来讲，历史应该给蔡京说句公道话。

朱熹与“伪学风波”

前朝旧事，一湖烟雨。

范仲淹去世多年后，一个日后受龙山书院严陵理学影响至深的人物诞生了，他就是南宋理学大儒朱熹。

朱熹对范仲淹有很高的评价，他认为“范文正杰出之才”，“本朝道学之盛，亦有其渐，自范文正以来已有好议论”，将南宋以来理学之盛的一部分功劳归于范仲淹的渐进和影响。

朱熹盛赞范仲淹有“天地间气”，是“第一流人物”。他在朝廷偏安国弱的大环境下，矢志不渝地推进理学教化，一部分也是受了范仲淹这个“第一流人物”的影响。由北宋至南宋，跨越两个时代，但以书院兴教化、为国家育人才的文教理想，始终是两代人共同的追求。

说到朱熹的一生事功，主要还是在于教育。如果单纯地把他看成大儒、理学家，这会有距离感，因为朱熹就是一个很优秀的老师。事实上，配享孔庙的那些贤哲大儒，哪一个不是后人的老师呢？

朱熹讲“存天理，灭人欲”，很多人对他这句话有误解。到了宋宁宗庆元元年（1195），朱熹和他的理学突然被斥为“伪学”，他本人也遭到了被当权者驱逐的命运。

作为一种社会思潮，理学在宋孝宗乾道、淳熙年间（1165—1189）就有了很大的发展，虽然并未得到朝廷的正式承认，但朝廷默认了它的存在和发展。为何到了庆元年间，就被斥为“伪学”呢？这还得从上一年，朱熹上疏弹劾权臣韩侂胄说起。

韩侂胄是谁？说起来他也算名门之后。他是北宋著名政治家、辅佐三朝、主持“庆历新政”的宰相韩琦的曾孙，高宗赵构的皇后吴瑜的外甥，宁宗赵扩的皇后韩氏得叫他叔祖。作为皇亲国戚，韩侂胄的资历、辈分都有，又加之在“绍熙内禅”时有拥立宁宗的大功劳，故得以迅速在新朝积累下雄厚的政治资本，很快从开府仪同三司升至太师、平章军国事。知枢密院事、同为拥立宁宗的功臣赵汝愚[①]被韩侂胄政治排挤和打击出局之后，韩侂胄实际上已成为一人之下、万人之上的权相。后人评论说：终宁宗一朝，“初任韩侂胄，继任史弥远，两奸专国，宋室益衰”，对他没什么好评价；元朝修《宋史》，依南宋《国史》立《奸臣传》，将韩侂胄与秦桧并列，其奸臣的“历史面目”由此传世。

观察和理解一个历史人物，仅依据史书的记载是有片面之嫌的。韩侂胄这个人，以恩荫入仕，政治起点很高，和那些以读书晋身的读书人不同，他天然对政治斗争敏感且熟练，也往往能在复杂的政治局面中看清得失利弊。他的政治上位，一方面是因为宁宗信赖勋戚，另一方面是因为韩侂胄在主导抗金之事上深契宁宗之心。因此应该客观评价韩侂胄，他在把持朝政的十多年时间里一直力主对金用兵，对一振南宋朝廷上下士气有积极的

① 赵汝愚（1140—1196）：字子直，生于崇德县洲钱（今浙江桐乡），南宋名臣、学者，南宋宗室。

意义。

韩侂胄之所以对理学及朱熹门人挥起大棒，并非他天生瞧不起读书入仕的人，说到底，还是政治斗争和利益驱使，至于源头，还得从一起拥立宁宗的另一个功臣赵汝愚说起。

赵汝愚虽然祖籍江西，但出生在崇德县洲钱镇，就是今天的桐乡洲泉。他姓赵，和皇家同姓，莫非和皇家有什么牵连？还真是。赵汝愚是地道的赵宋皇室的宗室，太宗赵光义的八世孙，跟韩侂胄一样，也是“含着金钥匙出生”的人。

但赵汝愚虽然出生高贵，但和韩侂胄不一样，他从小就是个读书种子，有很远大的理想。“大丈夫留得汗青一幅纸，始不负此生”，从这句少年时发出的壮语里，能品得出他高远的志向。宋孝宗乾道二年（1166），赵汝愚状元及第，从此进入官场。在拥立宁宗之前，他已经一步步干到了吏部尚书这个高位。

理学对赵汝愚的影响，在他进入仕途之后渐渐深远。为政为学，理学津梁，这是赵汝愚这样的读书人和韩侂胄这样的勋戚最大的不同。在赵汝愚眼中，朱熹也因此成为一国儒学领袖。在他的举荐下，朱熹进入内廷，成为宁宗帝师，时间约在南宋绍熙五年（1194）八月。但朱熹为焕章阁待制兼侍讲的时间不长，到次年十二月罢去侍讲职衔，总共也就一年多时间。在这一年多时间里，朱熹给宁宗讲课的内容不外《大学》《中庸》等儒家经典。根据《朱熹年谱》所记，在这一年多的时间里，朱熹至少有三次向皇帝提出辞呈，都未获准。多次提出辞呈，可见朱熹这个帝师当得也并不愉快，而皇帝呢，似乎也对这个老师并不是很满意。

相互不满意的原因，可能跟师生两人的教育理念差异有很大关系。要知道，宁宗此时已经26岁，是一个相当有主张的皇帝，朱熹的教学内容应该并不被他喜欢。教学现场是否有争论，可以通过二程为帝师时的一些记录略窥理学为圣人之教的脉络。

四川作家张国文有一段记录二程为帝师的文章，题为《这个老师很可怕》，很有意思：

老师摆起了老师的架子，对尚在幼儿园的小皇帝学生说：

皇帝啊，勿近酒色啊！

皇帝啊，勿用小人啊！

皇帝啊，我给你讲的这些，即使孔子复生，为陛下陈说，不过如此啊！

皇帝啊，你在玩耍的时候，要深思我讲的话，不要忘了我的论述啊！

皇帝啊，我不敢仔细陈奏，你要在适当的时候专门宣问，待我娓娓道来啊！

一日，讲罢未退，小皇帝“忽起凭栏，戏折柳枝”，他又说了：

皇帝啊，方春发生，不可无故摧折！

幼儿心理学的研究者一看，这就很成问题了，二程子这教育方法揠苗助长啊，娃娃家，懂什么是酒色呀？什么是小人呀？自己跟孔子并列，广告也打得忒狠了点吧？

整个儿缺乏赏识教育，老夫子心理有阴影吧？

朱熹的教育方式未必像二程那样刻板，但也不讨成年的皇帝喜欢。其实早在朱熹33岁时，他对帝王之学就有了自己的理论建构，在写给皇帝的奏章中，他反复表述：“帝王之学，必先格物致知，以极夫事物之变，使义理所存纤悉毕照，则自然意诚心正，而后可以应天下之务。”又说：“四海之利病，系斯民之休戚；斯民之休戚，系守令之贤否。监司者，守令之纲；朝廷者，监司之本。欲斯民之得所本原之地，亦在朝廷而已。”说的虽然都在理，但似乎稍显呆板，总是缺乏循循善诱的生动性。

不仅如此，朱熹出于对赵汝愚的欣赏和爱护，还处处帮赵汝愚说话，并打击赵汝愚的政治对手韩侂胄。课余闲话时，朱熹没少给宁宗进言。比如，韩侂胄自认有拥立之功，便希求节度使之任，不想赵汝愚主持政务，影响宁宗，把这事给搅黄了。韩侂胄又奋起还击，指使知阁门事鼓动宁宗独断朝政，言外之意是要皇帝摆脱赵汝愚的政治“控制”。朱熹在了解这个情况后，就在一次经筵后向宁宗进言，对其独断进行劝谏，本意是为赵汝愚助力，核心是担心“名为独断而主威不免于下移，欲以求治而反不免于致乱”。

下移给谁？朱熹就差直接点名韩侂胄了。

还有一次，朱熹向宁宗进言，大意是说：韩侂胄是外戚，不能参与朝政，多赏些他金银珠宝就行了。宁宗是聪明人，觉得这话耳熟，细想一下，这不就是赵汝愚说过的“外戚不可言功”嘛，两人言路一致，不是朋党又是什么？

韩侂胄就此和朱熹结下了仇隙。他扳倒赵汝愚之后，便开始清算赵汝愚精神和理论上的支持者：朱熹和他的理学。

宁宗对韩侂胄打击朱熹理学及其门人所持态度颇堪玩味。核心的原因，是他对南宋当时在军事上的被动局面非常不满意，故对朱熹赵汝愚等主和派十分排斥，主张对金用兵的韩侂胄则深契其心。在主战思维统领下，宁宗默许韩侂胄打击朱熹及其学说，就变得非常好理解了。

辅广[①]拜师

韩侂胄深知，要打击在朝中深有影响的朱熹及其学说，是非常不容易的。他需要迂回出击，需要让其他人先跳出来，然后一步一步推进。

跳梁小丑是随时都有的，韩侂胄刚有点昏昏欲睡，就有人递来了枕头。

当然，说跳出来的监察御史沈继祖是小丑，似乎有点太小看他了，因为他的官职其实也不小。但在即将掀起的“庆元党禁”这场政治风浪中，他又确乎不过是一个小人物。

在韩侂胄的授意下，沈继祖率先向朱熹发难。在弹劾朱熹的奏章中，沈继祖罗列了朱熹的十大罪状，什么“不敬于君”，什么“不忠于国”，什么“玩侮朝廷”，帽子扣得一顶比一顶大。这些大帽子对朱熹说不上有什么大的影响，但“为害风教”这样的帽子扣下来，就让朱熹颜面扫地了。

不得不说，沈继祖和他背后的韩侂胄深得政治斗争的精髓。打蛇打七寸，风教问题，正是他们认为的朱熹

① 辅广：生卒年不详，字汉卿，号潜庵，祖籍赵州庆源（今河北石家庄）。

的“七寸”。历史上的好多大人物，最后颜面扫地都是没能过得了个人作风问题这一关。

沈继祖的奏章里，说朱熹“诱引尼姑二人以为宠妾，每之官则与之偕行”，“家妇不夫而孕”。纳尼姑为小老婆，这样的贪色好淫或许可以让人忍受，但是儿媳在丈夫死后却怀上了身孕，这个问题就不能不让人产生联想了。这样为老不尊的人，有何脸面受世人尊敬？他的学说不是伪学又是什么？所以，沈继祖的结论是：朱熹当斩首，理学当罢斥。

宁宗爽快“准奏”，但还是对朱熹留了些情面。在“申严道学之禁”的同时，他并没有向朱熹举起屠刀，只是指责朱熹及其门人“欺世盗名，不宜信用”，凡“伪学之党，勿除在内差遣”。绵州知州王沇这时候又来神补刀，“诏省部籍伪学姓名”，就是说要处理那些受伪学影响的读书人，还要登记造册，扩大打击面，宁宗也准许了。朝廷订立了《伪学逆党籍》，这也意味着凡是信奉“伪学”的即是“逆党”。

这样的政治清理逻辑是不是很像北宋徽宗年间的“元祐党案”？前后隔了不到百年，政治斗争的思路和路径却没怎么变。有所不同的是：前者案涉 309 人，后者总共 59 人，打击面小了不少。虽然人数上有差异，但是“庆元学案”的影响一样很大。《伪学逆党籍》中，宰执身份的就有赵汝愚、留正、王蔺、周必大 4 人，待制以上的有 13 人，六部皆有。

当然，受打击最大的还是处于政治漩涡中心的赵汝愚和朱熹。前者贬为宁远军节度使，不久暴亡。而朱熹呢，虽然宁宗网开一面，没被斩首，但羞辱交加之下，身心受到严重打击，不数年便卒于建阳考亭。

朱熹晚年，总体上来说是孤独寂寞的。

但就在他被朝廷罢斥、理学被斥为“伪学”之后不久，一个给他晚年带来极大精神慰藉并接过他理学大旗的人物出现了。

他轻舟快履，侍奉门下，使朱熹老怀大慰。

朱熹于是发出了一声感叹：道学之未绝者如是！

这个人，就是赵汝愚的同乡辅广。

当辅广来到临安，侍奉于朱熹门下的时候，“庆元学案”的余波尚未完全平静。辅广走过太学、贡院，想起了前朝的三次兴学。斯人虽已不在，但遗泽人间，改革者会被人们记住的。

他琢磨着该怎么安慰朱熹，才能更好地表达自己前来投师的诚意。他早已经把自己的这番举动可能带来的政治风险置之度外了，从军的经历，让辅广少了大多数士人的彷徨瞻顾，欣随所学，安随所道，不正是为学者最应该秉持的勇气吗？

“你真变卖了全部家产？”

看着风尘仆仆、一见面就恭谨趋拜的这个汉子，听他言说此番投师的前因后果后，朱熹不禁大为所动，但表面上，他依然不动声色，语气平和。世道多艰，人心不古，为一己私欲而巧言令色、大行诓骗的人与事，他看得多了。此子外相豪纵，不太像一个读书人，须得细察才是。

“比及老师的学问来，那些都是身外之物。”辅广垂首，轻轻回答着朱熹的提问。

“你是子直（赵汝愚字子直）的同乡，他的事可都有耳闻？”朱熹对辅广的回答似乎很满意，几番对谈之后，他对辅广可能不善辞令及仪礼的印象慢慢消除了。

“赵公良相之才，可惜所遇非时。学生于他，于老师之思想行为种种，罔不关注。此番前来，也有一宽老师之心的想法。”

“难得你作此想。那么，汉卿，可否陪老夫走走？”不待辅广回答，朱熹径直站起身，准备去取倚在门侧的手杖。辅广一面回应“敬听老师安排”，一面动作麻利地请过手杖，递在朱熹手中。

对朱熹而言，朝廷公示《伪学逆党籍》以来，他早就把个人荣辱安危置之度外了。辅广能不避政治风险，舍家抛业而来，足见为道的意义。他乐意带着辅广，在稠人广众中亮相，非为“招摇”，实为一表自己维护道学的心迹。

一师一徒遂过钱塘门，沿西湖慢行。过上船亭，见先得楼，游人三五，湖风蔼蔼，师前导，弟子肩随。话题就从这次伪学风波论起。

“老师以为前朝三次兴学未奏全功的原因在哪里？”辅广问。

“职业官僚集团反道学力量强过兴学的力量，此点不言自明。”朱熹明白辅广所问，也是小心翼翼，不触及此番风波，但根源一致，须让他明白，“淳熙十年（1183），郑丙[①]、陈贾[②]两人的禁‘伪学’，淳熙十五（1188）年

①郑丙（1121—1194）：字少融，福建福州人。

②陈贾：生卒籍贯不详，随郑丙一起指斥朱熹假道学。

林栗[1]弹劾老夫，都是这般路数。”

“然则，老师何以成为攻击之中心？”

“此问甚善，世人也多有不明白。要解此问，须得明白子静（陆九渊）诸先生之理想，还有你的老师东莱先生（吕祖谦）。”

“老师是说他们都有寄望朝廷行道的理想？”

“孺子可教。实不相瞒，老夫也有得君行道的理想，只是蹉跎半生，宫门几进，才发现这个理想终归是空想。”

“学生曾读过老师一首《感怀》诗，对其中两句大为倾服。”

“哦，哪两句，你背给老夫听听。”

“是。”辅广清了清嗓子，缓缓吟哦道，“经济夙所尚，隐沦非素期。几年霜露感，白发忽已垂。”

朱熹面对西湖，捻须颔首，似有所思。

“老师经世济民的理想，其实已得局部实现，所以老师不必感伤。”辅广见老师并未回应，又继续说道。

“何以见得？”朱熹问道。

“老师编《程氏遗书》等著，力继理学大旗，建白鹿洞书院、考亭书院，改建岳麓书院，皆是经济所成，远迈时贤，即后来者，恐也十不及一。”

①林栗：生卒年不详，字黄中，福建福州人。

《西湖清趣图》中的南宋临安钱塘门

“汉卿过誉也。”朱熹脸上并无喜色。一阵风来，柳丝翻飞，银须散乱，辅广连上前扶住，却听到老师似乎是自言自语的喟叹：“老夫努力半生，志在得君行道，然未得其方，惭愧啊！汉卿，你若要随老夫行道，看来得另寻善道，另寻良方了！”

“学生以为，善道即在广建书院，兴公私之学；而所谓良方，正是老师们奉行的理学正宗。”辅广不假思索，当即朗声应道。

“甚善！甚善！汉卿，老夫认识你，晚矣！”朱熹展颜微笑，捻须颔首，对辅广的好感度再次提升，他隐隐预感到，这将是自己收的最后一个可造之徒了。

“是学生晚来了。”辅广垂首恭答道。

“如此，你愿拜老夫为师否？”一念既生，朱熹决定趁热打铁，他希望西湖见证这一场难得的师生之谊。

辅广既惊且喜，幸福来得太突然，他来不及思虑答词，当即躬身屈膝，长跪如仪。潜研二程之学，师事吕祖谦，此刻再拜在朱先生门下，他相信自己的为道之路，冥冥中总有上天眷顾。

“汉卿请起。”朱熹扶起辅广，正色道，“为老夫之徒，你当谨记如是三点。”

“请老师示下。”

“今日且不必说，来日论学，为师将次第论及，你需在所论中自辩，而后奉行之。”朱熹却并未直言，辅广知道这是老师的又一场考辩，也就不再追问。

看看将近兜率寺，朱熹对辅广说：“为师脚力不及，就此折返吧。”

辅广扶住朱熹，一师一徒缓慢往钱塘门走去。

西湖风住了。太学里的吟诵之声恍惚传来，美如天籁。

天光云影与方塘活水

两骑骏马，一乘小轿，缓缓行进在临安前往遂安的官道上。

两马跟在小轿侧后，一左一右，形成护卫之势。轿中端坐着一位年近古稀的银须老者，虽相貌瘦削却神采过人，他正是刚被逐出朝廷的“伪学首脑”朱熹。

前日，爱徒同时也是爱婿的黄榦[1]从建阳来都城探视，朱熹遂把新收的弟子辅广介绍给他。两人对对方早有耳闻，此番初见，一番对谈，大是投契，师兄师弟遂成莫逆。因二人字号里都有一个“卿”字（黄榦字直卿，辅广字汉卿），朱熹遂以“二卿”呼之。

“直卿兄一来，老师开心如此，实是我近日所难见。”辅广道。

“还不是因为新得了汉卿兄的缘故。”黄榦跟随老师兼岳父多年，深知朱熹取才收徒甚严，辅广能倾尽家产而来，其所行事就非常人可及，而老师能在一场短暂的论学后下决心收下新徒，相信辅广必有过人的智慧和气度。两日相处下来，他对老师的智慧和眼光再次钦佩不已。

① 黄榦（1152—1221）：字直卿，号勉斋，福建路福州长乐县（今福建福州）人，朱熹传人。

“哈哈，主因不在我这里。”辅广一面恭谢黄榦的赞美，一面转了个话题，“老师近日情绪大好，不如我们请他出山散散心？”

“汉卿兄此议甚好。只是去哪里？”稍一思虑，便即合掌，“有了，此去双桂堂，脚程正好，想必老师也愿意去。”

“双桂堂？可是遂安詹氏的双桂堂？！”

“正是，汉卿兄博闻广记，黄某佩服。”黄榦拱手半揖，遂进内堂向朱熹禀示。少顷，朱熹便在黄榦扶持下来到庭院：“老夫此去，当是故地重游。二卿有兴，去看看那源头活水，也甚好。只是须得知会詹家，此番不是讲学，也不是论学，权当一次平常的会讲吧！”

朱熹说的“会讲”，即是“会友讲学”之简称，是学友、同道之间的一种学术交流和学术讨论形式。自朱熹与张栻[①]在岳麓书院会讲以来，会讲在朱熹等理学大儒的朋友圈中流行。参与者范围虽小，但效果并不比公开讲学和论学差，尤其是不同学派和不同观点之间，正可以通过会讲的形式融通。只是，二卿不会知道，这一次的会讲，实际等同于老师的遗训。

原拟半是水程半是陆路兼行而去，二人担心老师舟车劳顿，身体吃力，遂决定一乘软轿，慢慢往遂安行去。

———

因于地方历史沿革的复杂性，南宋时遂安县的大部分地方和今天淳安县的辖地之间的关系有无数个弯弯绕绕，显得迷离混沌。简单地理解，不妨说南宋时的遂安，就是今天的淳安，只不过那时候的遂安并不归当时的临

①张栻（1133—1180）：字敬夫，号南轩，汉州绵竹（今四川绵竹）人，南宋初期学者、教育家、思想家。

宋代刘松年的《山馆读书图》体现了当时的文人入深山读书、聚山川灵气于一身的学习状态，其中的佼佼者还借地授徒，传授学问

安管辖。以临安都城的身份，它理所应当地成为帝国的中心，遂安这样的“远房亲戚”是攀不上临安的，于是只能留给临近的建德府统辖。像这样因历史原因改变和影响行政区划的情况，在临安还有很多。

朱熹师徒三人之所以要去遂安，是因为那里有一个书院。

书院之兴，往往和地方大儒紧密相关；灵山秀水，又特别涵养性灵，所以有名望的大儒和旺地，是构成书院发展的两个要件。唐宋以来，上至中央政府，下到地方郡县，大都选取最美和最有灵气的地方兴建公学。好地方一定要留给学校，这是政府和民间达成的一个最有价值的共识。围绕这个共识，形成了以都城太学为中心，辐射地方郡县学府的公学体系。终南宋一朝，临安毫无争议地成为全国教育的中心，而在临安周边 100 公里范围内形成的郡县学府和无数私人创办的书院，则构成了全国完备健全的教育系统。周边郡县学府拱卫都城太学，都城太学和有名望的私人创办的书院遥呼郡县学府，大多数生员皆沿着从县学升至州郡学的路径，然后努力进入临安的太学。这种格局和升学路径，和你们今天所谓的公立学校、私立学校的概念其实并没有太大的变化。

遂安这个书院，在南宋中晚期是一个不能忽略的存在。

为什么？

因为它和朱熹有关。

更和它悠久的历史有关。

北宋年间的三次兴学，不仅带动了都城临安太学的学风，也间接推动了私学的发展。

出于教育家族子弟的需要，一些私人书院在北宋晚期先后建立起来。遂安人詹安于熙宁年间（1068—1077）创建的双桂堂，就是以教育家族子弟为主的私立书院。

詹安从朝堂上退居乡里后，选址银峰之麓的绝佳地望，创办了双桂堂。他“结庐其中，凿池饮泉”，将詹家族群子弟全引入学堂中，由自己亲自教学。在他的悉心教导下，他的五个儿子后来皆登科第。双桂堂由此远近闻名，外地士子也纷纷慕名而来。

不过真正让双桂堂获得更大声名的，是朱熹以一代大儒、理学宗师的身份往教。詹安的孙子詹仪之主持双桂堂的时候，和朱熹相友善。公元1175年，应詹仪之的邀请，朱熹曾往双桂堂为士子讲授格致之学。

名师讲学，你们可以想象一下那个一座难求的场景。在读书人的眼中，大儒名师的地位是高过地方官员的，因为他们的一言一行不仅可以开启心智，更可以给学生们升向更高的学府乃至对将来的仕进提供切实的指导。对双桂堂而言，过往的教学虽然也算颇有成就和声誉，但以詹家自己主导教学的模式，少了形式上的变化和内容上的丰赡。让詹仪之欣喜的是，他的讲学请求，朱熹没有多少犹豫就爽直地俯允。依朱熹的名气和影响力，詹仪之备下了一份非常丰厚的谢仪，以表达自己作为主人的谢意，同时也表达了数百学生恭望朱熹往教的诚意。但他没料到朱熹居然毫不犹豫地拒绝了，并对詹仪之诚恳地说："传灯兴学，任之所在。朱某所至，循例免酬，岂能在双桂堂破此前例？而况兼得名山之游，也有意外之获。"

也怪，朱熹所言的意外之获，后来居然在双桂堂得到了验证。

是日讲学毕，詹仪之和几位老师以及兴致不减的几位学生陪朱熹在双桂堂游赏。一行人行到半亩方塘处，天空的云彩忽然奇瑰幻变、随意卷舒。此地因近山临水，得山水奇气，这样的气象虽说寻常可见，只是发生在朱熹讲学之后，众人自然理解成是学生们对朱熹讲学的谢仪："这岂不是祥云献礼么！"这话脱口而出，显然并非全部出于恭维，实在也是真情所致，只是此景众人并非仰头得见，而是那清澈如镜的方塘投射而出。

朱熹此时也停下步来，一面大加赞赏，一面心奇道：此水如此清净，却不知源头何处？

識乾坤造化心

觀書有感二首

半畝方塘一鑑開天光雲影共徘徊問渠那得淸如許爲有源頭活水來

昨夜江邊春水生蒙衝巨艦一毛輕向來枉費推移力此日中流自在行

題西林院壁二首

觸目風光不易裁此間何似舞雩臺病軀若得長無事春服成時歳一來

巾屨翛然一鉢囊何妨且住贊公房卻嫌宴坐觀心處不柰簷花抵死香（簷前有柚花）

題西林可師達觀軒

六安涂氏求我斋所刊《晦庵先生朱文公文集》中刊录的《观书有感二首》

詹仪之似已意解，忙手指源头处：“晦庵兄请看！”

朱熹随詹仪之所指，看到了方塘的源头。他一面叹服詹安当年造园的精巧构思，一面为今日之遇而大慰：行道不易，天意许之。众人所谓献礼，须知不是献给朱某人的，而是献给圣人之教，献给天下为师尊者，献给兴学不倦的学堂山长。只是，此情此景，倒更像是天意给学子们的一个启发。

思虑及此，他对众人道：“方塘得有灵气，不可不有诗赞之。我已意得，诸位容某抛砖引玉，可好？”

众人齐声道好。

朱熹略一沉吟，念出了这首脍炙人口的《题方塘诗》，后来改名为《观书有感》：

半亩方塘一鉴开，天光云影共徘徊。
问渠那得清如许，为有源头活水来。

此诗是否在双桂堂所写，历来聚讼纷纭。一说为朱熹小时候读书的观书第前的方塘；一说在福建尤溪的南溪书院内；一说在建阳考亭内。詹安修建双桂堂时，即修建了半亩方塘。朱熹应詹仪之之邀，前往双桂堂讲学。讲学之余，游赏双桂堂，乃有《题方塘诗》。这应该就是朱熹在双桂堂的半亩方塘内创作的。在淳安县瀛山书院旧址，今天还能看到大观、得源二亭和半亩方塘的遗址及《题方塘诗》的碑文呢。这个碑文是清代修刻的，站在那里，似乎可以重温朱熹当年创作这首诗时的神韵。

那么，这首诗究竟给学子们怎样的启发和慧悟呢？朱熹所言，时刻不离学理。在朱熹看来，诗道当然也是传教的一种工具，并非一定要三尺讲台才可以。所以，私立书院之学教，正在于这样的场景启发。

宋诗短于抒情而长于义理，这首诗可谓是南宋义理诗的代表作。其浅层所见，无非状半亩方塘之丽景：天光云影，清渠活水。如果仅作状景看，那就真是珠玉埋尘了。朱熹作为理学宗师，在这首诗里寄托了他深厚的哲学思想，也是他的治学之道。他的本意，是在借景喻道。什么道？就是读书对于一个人的重要性：池塘之所以能如此清澈，是因为有源头活水进来；一个人要使自己的学问精进，使思想充满活力，就要持之以恒地读书学习，补充新的学养。

将《观书有感》的第二首绝句联系起来理解，就更能明白朱熹的借景喻道了：

昨夜江边春水生，蒙冲巨舰一毛轻。
向来枉费推移力，此日中流自在行。

他在这首诗里，借景喻了什么道？还得由你们慢慢品评。

留一张自画像

朱熹师徒三人尚未到瀛山书院山门，詹氏主持书院的后人便在一众学生簇拥下前来迎接。

朱熹尚记得绍熙元年（1190），自己车马而来，致祭詹仪之的情形。上一年，是淳熙十六年（1189），詹仪之自袁州（今江西宜春袁州区）退归故里，主持书院讲学，朱熹曾来看望慰勉。其时詹仪之尚极康健，未料不及半年，詹仪之便遽尔去世，让朱熹伤悼不已。

在《祭詹侍郎文》中，朱熹谓詹仪之“上虽不获已于积毁之言，然暂谪而亟还之”，何尝不是此番自己遭遇的同一注解？在朱熹心中，皇帝应该知道自己是无罪过的，之所以这么做，是迫于“积毁之言”，没有办法。

旧地重游，故友凋零，自己终是“戴罪之身”，詹氏不怕牵连，当也是缘于这两代交情，这实在是令人感叹的高义。只是，“伪学”风波不息，以理学为宗的书院日常教学至此受到影响。当此私学方殷之际，眼看自己垂垂老矣，来日无多，何不趁热打铁，再来瀛山书院作一场讲学，以作动员和激励，这便是朱熹的本意了。

话一挑明，詹氏后人及一众学子自然叫好。正拟张罗布置，朱熹却又发言了：

“此番论学，到底不同于以前，与论者不必更多，免招窥视而引侦缉，可选志于理学者二三子，集于丽泽所。山门外也需得多布置些人，防他们寻来。”

丽泽所是书院中一处讲学场所，在瀛山书院格致堂之西，早年由詹仪之兴建，朱熹、张栻、吕祖谦都曾在这里讲学，是书院中除双桂正堂之外的常用讲学场所。

这一场讲学，朱熹并没有从格致入讲，而是讲前朝逮及今朝以来的兴学之变，言语中对官学尤其是太学不乏批评：“但为声利之场，而掌其教事者，不过取其善为科举之文，而尝得隽于场屋者耳。”话说到这里，就能明白朱熹的苦心孤诣，让天下读书人入学读书，不是冲着科场高中、金榜题名去的。所以，方略在哪里呢？朱熹一贯的努力，就在于光大私学，尤其是以义理之学为首教的私学。

“士之有志于义理者，既无所求于学，而奔趋辐辏而来者，不过为解额之滥、舍选之私而已。”朱熹看得明白，官学颇有不足，加之此番庆元党禁，正是私学发展的契机。瀛山书院虽肇造于詹氏这样的官宦世家，但奉持的还是私学理念，尤其是在理学之教上，因自己和张栻、吕祖谦二公的多次讲学，实已成国中私学之高冈，天下的读书人，都看着这里呢。

接下来，朱熹对本朝以来的私学发展作了一个回顾，看来他虽然脚力程未及，但眼力和心念，早已经有了天下的观念。黄榦倡建的建阳考亭，虽有让他就讲安老的意图，但仍不失为一私学启蒙之渊薮。朱熹早年在福建、江西等省讲学的众多书院，于今已渐成影响，它们之中一旦培养出一二传灯人才，私学之兴自然可期。临安为都城，刻板印刷术的大量运用于出版，私立书院的藏书刻书之事也正在大有可为之际。方圆百里之内，瀛山书院外，余杭、钱塘、富阳、昌化、桐庐、建德等府县也先后涌出了十余家有名望的私立书院，一些书院如建德丽泽书院，朱熹也曾往教。总体上来讲，应是凡能亲自前往讲学的，朱熹决不找弟子代劳，他知道亲自前往的分量。从他自己口中说来，往教书院的数字可称得上宏大：数十家。在方彦寿《朱熹书院考》中的记载，这个数十家最后落实为 67 所，其中，朱熹直接创建的就有 4 所，讲学的有 20 所，曾经讲学而由后人创建的有 21 所，撰记题诗和题词题额的有 13 所。

然而私学欲兴，要在读书明理的地方士绅，因为他们积有余财。另外，有远见的地方官也当尽力罗致，因为他们能调集行政资源，以赐学田或赐予匾额的方式鼓励学术发展，从而推动兴办私立书院。讲到这里，朱熹便引二卿为例：直卿有官身而能有兴学之敏，诚为私学之幸；汉卿以武进身而钟醉于文理，倾家就学，正是未来理学之津梁。

论学及此，众人齐齐将目光投向二卿。二卿得到朱熹之赞誉，遂起立躬身致谢。在辅广，他终于明白老师前次西湖论学时向自己提到的三个要求中的第一个了：终生奉道，不可中途而废。

朱熹话锋一转，主动说到了这次“庆元党禁”。兴私学固要有远见的地方官支持，但是似乎又不能对朝廷寄望甚高，应保持一个恰当而合适的距离，这既是保全书院、学术以及学生不受朝局影响的万全之策，又是奉道中人理应看清的大势。凭一己之力兴学，应该是今后私人创办书院的坚定信念，和官家走得太近，反而有很大的风险。看来朱熹自此次“伪学”风波之后，对这个问题已有通盘考虑。

他又说道：“老夫半生游走于公私之间，志在合其力而开创时代新局。然而此番‘伪学’风起，理学被斥，唯寄望于私学之传。某荣辱得失已在所不计，只是须得为私学之将来执旗开路者指明方向。某百年后，终将证明吾道之公，不在一学一门，而在天下。”

话到此处，众人情不自禁地鼓掌。辅广和老师的眼光有须臾的交汇，他看到老师通体智慧、一身阳光，恍如当年的天光云影再度入照。于此，他又明白了老师向自己提的第二个要求：坚定执旗，不可依赖官家。

论学的最后，朱熹从直卿手中接过一个卷轴。展开后，是朱熹62岁时作的一张自画像。画像中的朱熹面容淡定又执着，形态清癯而刚毅。右额上的七颗黑痣有序排列，像是闪耀在璀璨星空中的七颗包容思想和智慧的星星。画像旁有朱熹自己的题款，这段文字，二卿早已读久成诵：从容乎礼法之场，沉潜乎仁义之府，是予盖将有意焉，而力莫能与也。佩先师之格言，奉前烈之遗矩，惟暗然而日修，或庶几乎斯语。

朱熹缓缓道：“衰老奉道，力莫能与，幸有二卿及诸君。老夫恐无多年，今日即赠此小像，聊作将来之想，唯望诸君从容礼法，沉潜仁义。某一生之戒，在于凡事用急。天下之事，可徐徐图之。”言毕归座，一场论学，实际是遗训，即此终了。

众人观此画像，又闻听朱熹这番分明是遗训的讲话，不禁动容，座中一二学生，竟有失声者。辅广自此明白

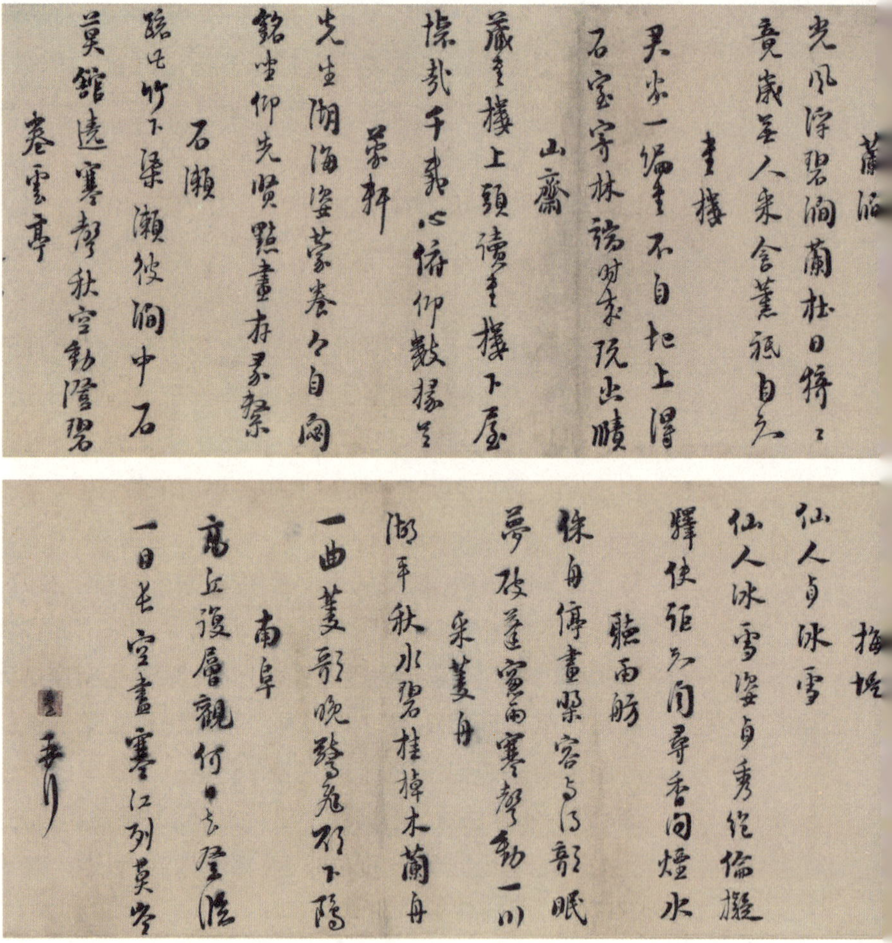

〔南宋〕朱熹《城南唱和诗卷》

元晦夫子手迹

奉同

敬夫兄城南之作

納湖

詩筒連畫卷坐看復成吟想象南湖水秋來幾許深

東渚

小山幽桂叢歲莫青蔥色花落洞庭波秋風渺何極

詠歸橋

綠漲平橋水朱欄跨水橋舞雩千載事歷歷在今朝

船齋

考槃雖在陸滉漾水雲深正爾滄洲趣難忘魏闕心

莫館遠寒聲秋空動澄碧

卷雲亭

西山雲氣深徙倚一舒嘯浩蕩忽褰開為君展遐眺

柳堤

渚華初出水堤樹亦成行吟罷天津月薰風拂面涼

月榭

月色三秋白湖光四面平與君凌倒景上下極空明

濯清亭

涉江采芙蓉十反心無斁不遇無極翁深衷竟誰識

西嶼

朝吟東嶼風夕弄西嶼月人境諒非遙湖山自幽絕

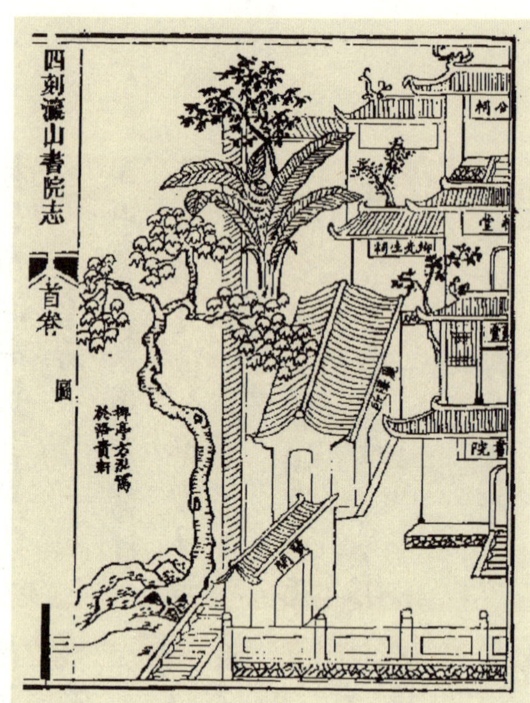

《四刻瀛山书院志》首卷中的瀛山书院图

了老师向他提的第三个要求：从容礼法，不可急躁冒进。

朱熹于瀛山书院论学之后的第四年，即庆元六年（1200）正月初九，卒于建阳考亭。当时，黄榦陪伴在他的身边。

诚如他所预料，在他去世九年后，即南宋嘉定元年（1208），朝廷就给他及其理学平反，赐其谥曰“文”，史称“朱文公”。尔后，历朝历代对他褒扬有加，封阙里、建朱庙、受祭祀。南宋时，他的牌位进入孔庙，清代移到大成殿，成为配祀的诸位圣贤之一，享受万年香火。更难得的是，他的学说作为时代精神、主流思想而登上庙堂。

宋理宗宝庆三年（1227）正月，朝廷再赠朱熹为太师，追封信国公。宋理宗还亲自为瀛山书院题写“一门登两第，百里足三元”的楹联，以示对私人创办书院的褒奖。

辅广和黄榦也牢记朱熹的三个要求，以坚定的奉道者自称。公元 1201 年至公元 1204 年间，辅广在崇德县筑传贻堂，开坛设教，教授学生，取传之先儒以贻后学之义，以躬行实践挽回颓风为办学宗旨，世称“传贻先生”。传贻堂后来改名为传贻书院，数百年来弦歌不辍，成为杭州历史上历史悠久、影响深远的几大著名书院之一。

黄榦则在仕宦之余力作传播和推广朱熹理学思想的第一人。嘉定十一年（1218），他讲学白鹿洞书院，后致仕专于讲学编书，为南宋一朝书院的规范化发展建树颇多。

杭州，成为朱门二卿生前兴学讲学的重要场域，二人也确乎成为南宋晚期当之无愧的理学津梁。没有他们的执旗传灯，数十年后的学术传承及书院发展，将是另外一番模样。

因为，在他们身后，一个新的朝代就要来临了。

第二章

遗民兴学

社燕秋鸿各自飞，我来君去苦相违。
西湖西畔梅如雪，应有亲朋待子归。

没有一个冬天不可逾越。对大多数杭州人而言，雪西湖固然有它独特的韵致，但是梅花如雪的春之西湖还是最为动人的，看到梅花如期盛开，至少可以让他们暂时忘掉前朝覆亡、临安陷落、国破家亡的怆痛，内心里，他们还是以前朝遗民自居。只是，临安再已不叫临安，也不是新朝的都城，它现在叫杭州了。

这是元至元二十三年（1286）秋天的一个下午，闻听朋友王月要回杭州，诗人不禁动了思乡之念，江南风物，西湖山水，就这样一幕幕浮现在他眼前。

从吴兴到大都，诗人的北上之路颇受非议。作为前朝宗室，他的这个动向因为关乎江南遗民的气节，故引起了家族成员和至交好友两股力量的强烈反对。大家纷纷举拒不与元廷合作的江南名士谢枋得[1]的正面典型，企图让他改变北上的主意。谢枋得后来因为抗元殉国，这让诗人觉得当初选择北上的决定不失为举家避祸的明智之举。

① 谢枋得（1226—1289）：字君直，号叠山，信州弋阳（今江西上饶）人，南宋末年著名爱国诗人。

觐见忽必烈之后，他对这个印象里的“蛮人”有了很大的改观，甚至觉得这个外表看上去孔武有力的帝王对文教的重视并非只是做做样子，而是有着十足的诚意和一一展开的极致耐心。当然，他更明白忽必烈不顾宗室反对重用一个前朝宗室子弟在于借用他特殊的身份和卓越的才学，为江南遗民做一个新朝顺臣的表率。

经过是否北上的思想斗争，诗人现在心绪已经平定，是非对错且由后人评说吧。他现在重点要考虑的，是如何配合忽必烈，用己所长，做一些力所能及、有益于普通人的事。北地荒凉，确不能与江南的温柔敦厚相比，在等待朝廷任命的间隙，好友王月来辞行，也让他起了江南之思，于是便写下了这首《送王月友归杭州》以赠王月：西湖边的梅花盛开如雪，亲朋好友们都应该盼着你早日归来吧。这哪里是写给王月，分明是借王月表达自己的思乡之情啊！

他就是赵孟頫。

天遂人愿，王月回杭州不久，赵孟頫就得到了到杭州“出差”的机会。忽必烈几经权衡，给了这个以书法、绘画而闻名于世的江南遗民代表人物一个很出乎意料的职务——兵部郎中，并以钦差的身份到江南督办至元钞的推行。

“杭州，我来了！”接到诏令后，赵孟頫赶紧准备南下的装束，并急急修书数通，将自己要回江南的消息告诉几位好友，他期待着在杭州和他们的雅集。

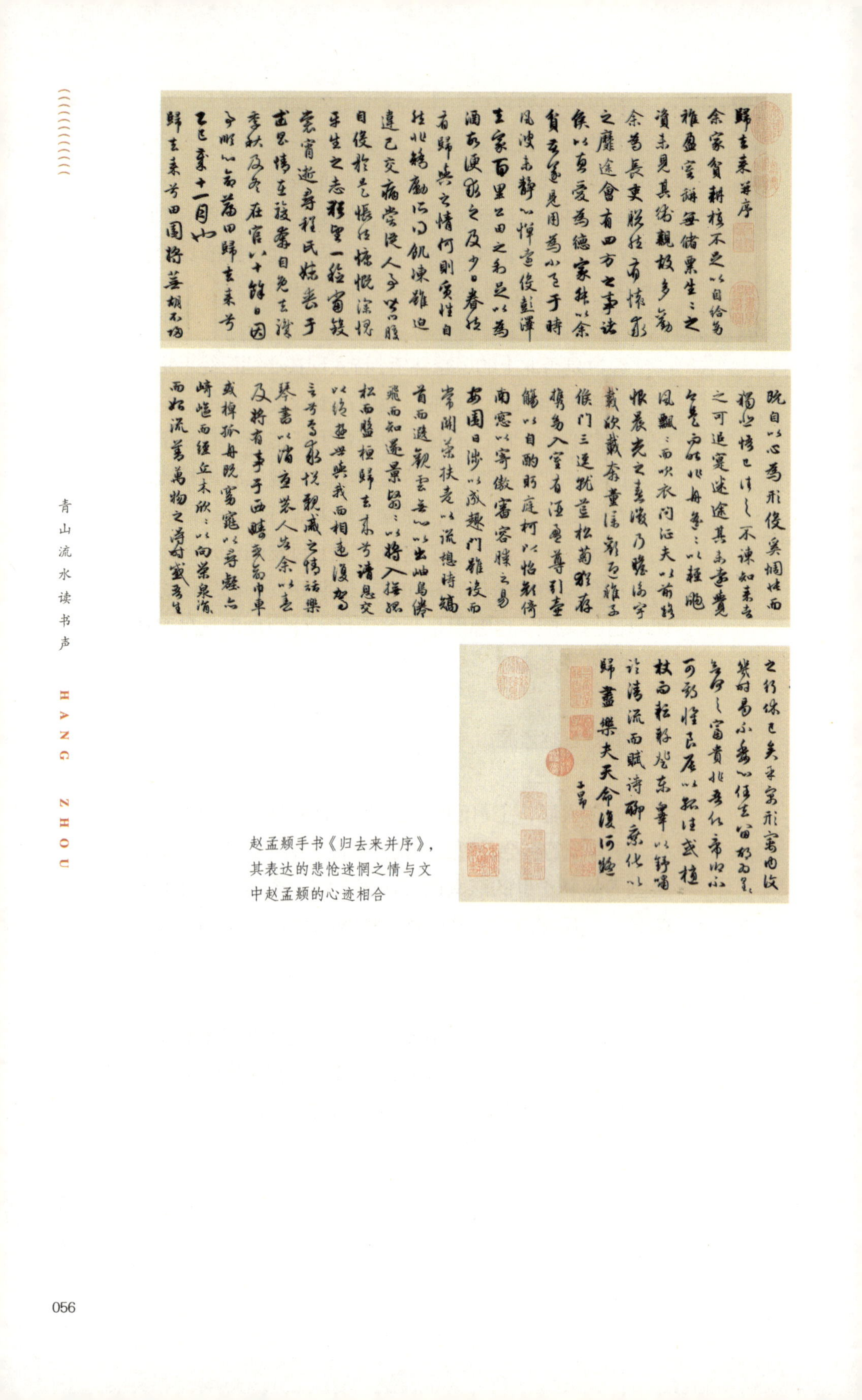

赵孟頫手书《归去来并序》，其表达的悲怆迷惘之情与文中赵孟頫的心迹相合

草窗老人在酒席上推荐了一个贤人

从大都到杭州，是赵孟頫北上时曾经走过的一条水陆兼程的路。

自京杭大运河南下，跨过漳河，穿越浩瀚的淮水，便进入江南富贵乡。这一番南北之旅，让赵孟頫看到了兵戈扰攘之后艰难求生的底层百姓的真实生存状态，以及所经城镇村舍文教凋敝、亟待重振的现状，这让他再一次确认了此番出山的正确性。深受传统儒家经世济民思想影响，赵孟頫做不到对现世疾苦无动于衷，如果决意做一生的隐士，那么他对眼见的这些苦难只能自私地表示无能为力；而一旦选择出来做官，起码他就有了为改变而贡献力量的可能与基础条件。

事实上，论及赵孟頫的终生成就，世人大多集中在他举世无双的书画艺术成就而忽略了他以官员身份在兴文教方面的轴心作用。在他两次任职杭州、居停超过十年的时间里，围绕在赵孟頫这个文艺领袖、江南遗民代表周围而活跃在杭州乃至整个国家中心的“高级别朋友圈”，几乎就是元廷不足百年国祚的文化中心，他当之无愧的话语权以及无人能匹的影响力，让杭州乃至整个江南的文教风习快速在兵燹后复原重振，并迅速引领整个国家的风向。如果要对此作一个客观中肯的评价，似乎应该得出这样一个结论：如果没有赵孟頫，整个元朝不足百年的文教功绩将是黯淡无光的。

时令已至季夏。进入江南水域，傍晚的船头已经褪去了袭人的暑热而有了宜人的爽意。同行的吏部尚书刘宣也是有经世大志的饱读诗书之人，对赵孟頫执礼甚恭，一路衡诗论文，颇为相得。赵孟頫也得闲创作了一些书画作品，赠予刘宣。

不数日，系缆驿站，好友鲜于枢[①]等早已得信来驿站迎候了。

“子昂兄，不期这么快又再见面了。”鲜于枢引着一干旧友新知，先后与赵孟頫寒暄。赵孟頫也忙着把刘宣介绍给大家。

接风宴在先得楼。刘宣也不避众人，荡开肺腑，说起了这次江南之行。

“子昂兄宗室世家，在江南素有名望，这兵部郎中之职，诸位看来觉得怪异，实则大有玄机。此番钦差督行新钞，刘某当是首责，子昂兄则不妨以此差为名，深入士林，想其所想，谋其所谋，为新朝文教之兴打开局面，亦劳诸位贤达倾力扶助，不负帝阙寄望。”

刘宣的话说得再明白不过。忽必烈钦点他俩做钦差下江南督办至元新钞的推广，还有一层意思，就是团结和笼络江南的读书人，振兴全国文教。刘宣知道自己在文教方面的影响力不及赵孟頫，所以就帮赵孟頫卸下明面上的差使，让他多利用自己的影响力，摸清士林和地方文教的实情，以供中枢文教制令以及裁决参谋。

①鲜于枢（1246—1302）：字伯机，生于汴梁（今河南开封），元代著名书法家，寓居扬州、杭州。

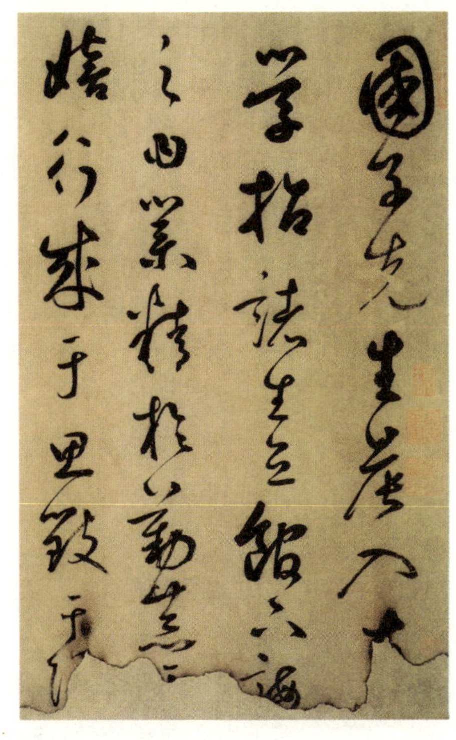

〔元〕鲜于枢《进学解》（局部）

顿了顿，刘宣又向鲜于枢拱了拱手，接着说："鲜于公隐居杭州，筑室困学斋，清望士林，正堪表率。"

鲜于枢拱手还礼道："刘大人过誉，某的困学斋，不过个人读书小天地罢了，比不得那些开坛设教的书院。"

刘宣摇手道："不然。书院之兴固然当首推其功，但名儒大家，风流雅集，论学虽局于一室，影响仍在一时。以困学斋吸聚贤达之影响和贡献，实际也不亚于一个书院之功。故，鄙意以为，本朝方兴，欲起文教，此等以雅集为名的讲学，当是宣扬首重。子昂兄正大有用武之地。"

"只是不明白，朝廷对此等雅集持何态度？既非官学，又不开坛设教、育人授策，只是呼朋唤友、吟诵风月，殊不与振兴文教之上意相违？"坐在一侧的王月问道。

“这自然是多虑了。本朝自开朝以来，以今上气量最为宽雅，也最重风教。子昂兄北上居停有日，想必和某一样的领受，朝廷待天下儒士，真真出于至诚。再者，杭州乃前朝旧都，最得文教风气熏习，一国之教重振，理应当先。一书斋，一讲学，皆有正风淳俗之功，可谓涓滴之于河海。涓滴不聚，焉有河海之雄？”刘宣侃侃而回，虽是官家之论，实有儒者气质，让座中之人，包含赵孟𫖯在内，无不倾服。

“刘大人既如此说，我就代杭州的读书人谢过了。子昂兄，我推荐一个人，你倒是可以去拜拜。”鲜于枢道。

“哦，是哪位？”赵孟𫖯问道。

“说起来，此人也是前朝遗民，和你同籍，现居杭州癸辛街，斋号浩然，藏书数万，日以著述为乐，身边也集聚了很多士人。”

“可是草窗老人周密[①]周公？”

“正是，我曾向你介绍过。”鲜于枢道，“此次得闲，你正该一访。刘大人如也能屈尊一访，当是一大佳话。”

刘宣道：“早闻此公令名，只是无缘得见。今次既然来了杭州，自然需随子昂兄一道前去拜望。”

数日之后，刘宣忙完公事，就在鲜于枢和赵孟𫖯的陪同下，轻车简从，到癸辛街拜访周密。

周密曾当过南宋朝的义乌令。鼎革后，决意不仕，内心里对新朝是抵触的。此番承鲜于枢牵线，答应见赵孟𫖯，但并不知有刘宣同往。在周密看来，赵孟𫖯虽年

① 周密（1232—1292 或 1308）：字公谨，号草窗，祖籍济南，先祖南渡，落籍吴兴（今浙江湖州），宋末元初词人、文学家、书画鉴赏家。

齿小于自己，但是赵宋宗室子弟，书画造诣又极深，自己乐于一见。所以当鲜于枢介绍刘宣时，他颇有些意外，落座饮茶，也只是随口应答，并不多言。直到后来鲜于枢将前次刘宣于先得楼所言略作陈述，又听得刘宣气宇不凡、语气恳挚的言谈，知他非俗吏庸官，确有振兴文教之愿，这才缓缓打开话题。

这一场浩然斋的雅集，从午后到薄暮，三人同赏书画，品评时贤，又不设防地议论兴学兴教大计，皆有相见恨晚之感。华灯初上，周密叫家人在书斋备了一桌酒席，三人边饮酒吃菜边继续纵谈。周密知道刘宣不是小人，自己早作闲云野鹤，所以除了不攻击新朝之外，对一应时局皆发表了自己的看法。

在周密看来，新钞之推行，根底还是在文化之认同。而文化之认同，首在收拢人心。江南是人文荟萃之地，江南归聚，天下自然也就归聚了。只是，少不得要有一个领袖人物。

刘宣问："周公可愿出山？"

周密逊谢不已："老夫残年朽骨，难担此任。刘大人，子昂可不正是这样的领袖人物？"

刘宣恍然大悟道："哎呀，我这是灯下黑了。子昂兄，你当推辞不得了！来，喝酒喝酒。"

松雪道人的杭州朋友圈

却说刘宣和赵孟頫回大都后，丞相桑哥因为二人在江南没有笞打一个官员，以二人办事太柔、推行至元新钞不力为由欲追究责任，却被赵孟頫一番论辩折服，最终作罢。

针对桑哥对官员严酷、动辄笞打的问题，赵孟頫提出：历来刑不上大夫，所以养其廉耻，教之节义，况且辱打士大夫，其实也是侮辱朝廷。宽简仁厚，这是赵孟頫为官为人的一贯准则，这为他赢得了很好的声誉。在元初的政治环境下，赵孟頫的仁政理想不仅直接影响了身边的人，对朝廷的主政者也不能说没有间接的启发。事实上，桑哥后来确乎听从了他的建议，从此不再笞打士大夫。

赵孟頫在朝中的地位因为忽必烈的欣赏而不断提高。元初开始设置国子监，兴办学校，后来又在江南诸路设儒学提举。这些举措，不能说和赵孟頫等一班有名望的江南儒士没有关系。很显然，这些朝廷文教政策的相继出台，一定程度上都受到了这些前朝遗民、饱学儒臣的积极影响。

至元二十五年（1288），赵孟頫35岁，正是年富力强、大展身手的年龄。他向忽必烈提出的“移宫墙、拓道路”等建议都得到了采纳。作为在朝中有名望的江南儒臣代表人物，赵孟頫的身边总是少不了和他一样的名流，他们一部分也是从南方到北方来任职的，一部分干脆就是北方的名流。他们以赵孟頫为中心，构成了一个大都的文化圈，诸如商挺、张九思、马绍、李谦、夹谷之奇等，皆是这个朋友圈中的常客。他们在大都吟诗作赋、雪堂雅集，成为大都一道亮眼的文化景观。

以赵孟頫为中心，南北两种文化在发生了短暂的冲撞之后，实现了很好的融合。

让人伤心的是，这一年，刘宣去世了，乃因被权臣陷害而被迫自尽。谢枋得作为坚定的抗元遗民被押送到大都。赵孟頫试图为谢枋得说情，希望忽必烈能宽容这样一个有名望的江南儒士。尽管赵孟頫自知出仕元廷为谢枋得所不齿，但他不愿意因为自己的选择和谢枋得的不同而去做任何沟通，或者说他从没有希望谢枋得能够理解自己。他只是无限崇敬这样的儒士风骨，即便大难临头也不改变初衷。但后来他知道忽必烈杀谢枋得的心意已决，在这件事上再去逆龙鳞势必也给自己带来巨大的风险，所以最终选择了沉默。

杀了谢枋得之后，朝廷又开始考虑笼络江南士林，建书院、立小学、兴儒学。这之后不久，赵孟頫在做了数年的京官后，外放济南，任济南路总管府事。

在济南任上，赵孟頫为发展地方文教做了很多实事，如保障老师们的薪俸和口粮，为府学广置学田。由此，“生徒来集”的场面在济南重现，济南府成为全国最有声誉的文教名邦。文教一兴，地方的治理就抓住了牛鼻子，老百姓也对官员有了好印象。

赵孟頫像

次年八月，济阳重修县学，作为主管一方的官员，赵孟頫当然乐得为县学楷书碑文。这些工作做起来都不烦杂，比起整顿吏治、稳定地方来，也更容易见成效。在赵孟頫看来，其实就是自己为官执政的摆位不同，兴学应是地方官的首要工作，不可不以之“为首务而亟图之”。

赵孟頫那漂亮的书法真正成了他鼓荡文明之风的一把有力的巨扇。

济南的经历，为他在杭州近十年的行浙江等处儒学提举打下了很好的基础。

由是，在元大都形成的以赵孟頫为中心的朋友圈，经过冲撞融合后，又在杭州得到发展。

到杭州之后，赵孟頫为兴学做的第一件事，就是发挥所长，为萧山县学重建大成殿楷书志记。一方面，他是江南士林清望，楷书为天下所重；另一方面，他又是江浙等处儒学提举，主管一省的文化教育事业，是朝廷钦命的从五品官员，为县学书记，除他之外没有更合适的人选。

如果以官员的要求来考察赵孟頫十年儒学提举的政绩，他可能不算很合格。但联想到元廷对他的任命本身就含有的文化意图，则他以书画、诗词、辞章、禅学为中心的朋友圈的雅集以及对整个南方文化中心的影响，又不失为他十年提举的重要功绩。再考虑到杭州特别的文化地位，他以发展文化为核心的清简政治观，可谓正得“提举”之奥义。在当时人看来，杭州在江南的地位是独特的，需要一个有名望的人来串联起江南这个独特的儒士社会网络。

“古者江南不能与中土等，宋受天命，然后七闽二浙与江之西东，冠带《诗》《书》，翕然大肆，人才之盛，遂甲于天下。”[①]所以，赵孟頫发挥自己的书画辞章优长，以朋友圈雅集、论艺的实在所为，来推动闽浙赣诸省的文教发展，可谓抓住了要害。

根据任道斌先生《赵孟頫系年》，大致可以梳理出他在杭州“提举”十年的朋友圈状况：

高邮人龚璛，担任过和靖书院、学道书院两个书院的山长，又担任过宁国路儒学教授等职。

理学家、教育家吴澄，后面我们还会专门谈到他。

……

事实上，以赵孟頫为中心的江南文化圈，已经在杭州形成了第二次融合。“提举”十年，既是赵孟頫书画技艺精进的十年，也是南宋国难后杭州文教重新获得发展、充满活力的十年。元中后期书院的蓬勃兴起，江南儒学的中心地位，不能不说跟赵孟頫的“提举”大有关系。

只可惜，后世之论赵孟頫者，很少从文教振兴这个角度去观察他在杭州的轴心作用以及通过雅集和论道等方式发展文教的贡献，也很少有人从一个文章大家的角度去考察他在元代儒学发展中的作用。十年“提举”积累的点点滴滴，无疑证明了他对儒学的贡献。他缓慢掀开了以杭州为中心、辐射闽浙赣三省的书院发展大幕。

①语出洪迈《容斋四笔》卷五《饶州风俗》。

青年黄公望的西湖游学

在合适的时间，合适的地点，有些相互吸引的人总会遇见。

就像黄公望和赵孟頫。

元至元二十九年（1292），黄公望23岁，还没有开始画画，他那幅著名的《富春山居图》还要等五十五年后才开始创作。从虞山小山头云游到杭州西湖边，青年黄公望有幸认识了从大都回故里吴兴居停杭州的赵孟頫。

“当年亲见公挥洒，松雪斋中小学生。”对赵孟頫的书画艺术名望及其在杭州儒林中的地位和影响，黄公望是深深倾服的，从他后来题在赵孟頫书法作品上的诗句来看，自初识那天起，他就向赵孟頫执弟子礼。不过真正要拜在赵孟頫门下，则是元大德三年（1299）的事，那一年，赵孟頫在儒学提举任上，黄公望以“小学生”的身份厕身赵孟頫的朋友圈，于他来说实在是莫大的荣幸。

还有一个人，对青年黄公望的成长也给予了很大的帮助，他就是“东平四杰”之一的散曲家徐琰[①]。

①徐琰（约1220—1301）：字子方，号容斋，东平（今山东泰安）人，元代官员、散曲家、文学家，曾主持杭州西湖书院。

元至元二十九年，黄公望云游杭州之时，徐琰从湖南道提刑按察使转任浙西肃政廉访使，掌地方监察事。

注意这个特殊的时间节点，它促成了徐琰、黄公望和赵孟頫的相互结识。或者说，徐、黄二人，因为文化的机缘，共同进入了赵孟頫的朋友圈。尽管，徐琰的年岁比赵孟頫还要大一些。

徐琰到杭州就任浙西廉访使，住在廉访司治所，知此所旧为前朝太学所在，再往前推，这治所也曾是岳飞岳武穆的府邸，住过抗金卫国的一门忠烈。像他这样忠君爱国、以圣贤之道修身养气的方直之人，在这样的治所安之若素，大约是很难做到的。

这一年，徐琰已经 72 岁了。他一生做官虽然未至人臣之极位，但所奉行的还是儒士治国的仁德之教。目今盖棺不远，得抓紧时间为地方、为百姓做点力所能及的有益之事。

想到此，他不觉心念一动。

转天，在和大都回乡的赵孟頫等人雅集时，他就提出将廉访司治所迁出现址的想法，可是，空出来的房屋究竟作何用途，尚未有明确之计划。

“子昂贤弟方从大都回来，有机缘面圣，御前应答，想必能洞察天机。方今之世，欲开治局，根要在何处？”

问题一经抛出，不特被询及的赵孟頫，在座诸人俱作沉思状。略一沉吟，赵孟頫便起身踱步，侃侃而谈起来：

“徐丈下问，某当知无不言。在京匪短，近聆圣训，说起来也不少。以某之观察，今上礼敬儒门，兴旺文教，当是出于宸衷，不像做个样子、收买人心。朝代更迭，兵戈扰攘，士林偃伏，而公私之学皆废，这断不是治世之所期。圣人开治学之新局，根要还是在兴学二字。某新得上命，此番前去济南路，也当以兴学为首要之政。”

赵孟頫起坐动卧，既有贵胄气质，又得笔墨濡染，加上发音清丽婉转，袍袖飞动，仪表俊逸，难怪会被一众友人视为中心。这一日，青年黄公望再一次被这位神仙般的人物折服了。

连徐琰这样端庄持重的老者，脸上也露出了欣悦之色，欣赏、羡慕、认同和赞叹，几种情绪都融合在他的神色之中。

“贤弟所讲，正是某之所思。只是一司之所搬迁，由不得某一人独自决定，总要上请准议，下得众允才好。”

戴表元[①]道：“不然不然，徐公为一司之长，吾等自当唯公马首是瞻，何况兴学乃千秋大事，大家都能依从。再者，公门衙所，清简适用即可，豪奢浪费辄过。廉访司此举，当是江南衙司表率。”

徐琰被鼓动，不禁鼓掌叫好：“既如此，某就决意迁出，兴办书院，了某平生之愿。”

众人也一起鼓掌。一旁的黄公望怯怯地插话道：“只是不知取个什么名字好？”

赵孟頫将问题再回给黄公望：“以子久之见，何名方好？”

①戴表元（1244—1310）：字帅初，号剡源，庆元奉化（今浙江奉化）人，宋末元初文学家，被称为“东南文章大家”。

黄公望未料到赵孟頫考自己，稍一思考，遂答道："既是岳武穆之旧所，不如就叫武穆书院？一来以昭其忠魂，二来以武兴文，倡文武之道。"

徐琰赞许道："子久此议甚好，某也想过。只是武穆终局，太过冤屈，使人悲悯。书院要开新局，因循旧人旧事，终归不是上上之选。还可再议。"

众人都道："徐大人所虑甚是。"

也有人建议起名"湖滨书院"，因为廉访司治所靠近西湖湖滨。此议一出，徐琰忽然有所触动："西湖为浙西文眼，历代文汇，自白苏二公治理以来，世人雅重如此。书院以西湖名之，互得借重，正合其宜。"

赵孟頫也颔首赞许。如此，廉访司改成西湖书院的事，就在这一日的雅集中确定了。

接下来，徐琰继续主持改建西湖书院的其他事务，诸如布局规制、山长延聘、招收学子、确定学规、增置学田、刊刻书目等，一一形成定议，记在徐琰的《西湖书院志》中。从议定到书院大体落成，前后大约经历三年时间。

徐琰的人生绝唱

徐琰不知道，西湖书院既是他的人生绝唱，更是日后朝廷重要的出版中心。一系文脉，历经元、明、清三朝数百年，于乾隆年间并入崇文书院后继续发挥作用。

徐琰的首建者功绩，千古流传。

西湖书院建成后，徐琰请中书省赐书院匾额，以彰朝廷对江南儒林的恩典和重视，并以此成为官学书院的标榜。在朝廷看来："（官）学、（书）院之设宾序，所以待一乡之达尊，谓其仕学两优，齿德俱备，可以仪表儒林，维纲学校……"[①]从这个意义上来讲，西湖书院完全可以作为元朝不足百年国祚期间官学书院的代表。西湖书院的建成和运行，一定程度上是元廷在江南遗民群体中的文教政策的直接体现。

徐琰一生，除创作了大量有影响的小令外，在官场和文学两道亦不断简拔优秀的后辈，是以名重士林。黄公望年轻时即得到过他的恩遇。一些饱学的儒士经他举荐，或成为地方官学的官员，或出任书院的山长。而徐琰本人也以年迈之躯，不辞辛劳，亲自主持书院的日常运行和教学管理工作。

①语出《庙学典礼》卷五《行台坐下宪司讲究学校便宜》，清文渊阁四库全书本。

在后来任西湖书院山长的陈泌所写的《西湖书院三贤祠记》一文里，可以略窥徐琰于西湖书院的功绩：

> 西湖书院，本故宋太学，其初岳武穆王飞之第也。岁丙子，学与社俱废。至元二十八年（1291），以其左为浙西宪司治所，其右先圣庙在焉。三十一年（1294），东平徐公琰为肃政廉访使，乃即殿宇之旧，改为书院，置山长员主之。先是，西湖锁澜桥北有三贤堂，祀杭州刺史白文公居易、宋和靖处士林公逋、知杭州事苏文忠公轼，于是奉以来祠之。元统二年（1334）秋，大成殿东南角坏，葺之者不良于谋，因尽撤而治之，浮费而物穷，功未集而逋已积……乃扁三贤祠曰"尚德"，徐公祠曰"尚功"，列"志仁""集义""达道""明德"四斋，以居多士，立大小学以迪后进，辟思敬斋以为舍菜敬斋之所。

于此记可见，西湖书院刚建成时，三贤堂祭祀的是白居易、林逋和苏轼，后来又专建了徐公祠纪念徐琰，开辟了志仁、集义、达道、明德四个学堂和思敬斋，另有尊经阁、彝训堂，经历代主理官员和山长的努力，其规制越来越完善，西湖书院逐渐成为两浙之冠。

西湖书院后来成为国家的出版中心，跟徐琰在创院初期的努力是分不开的。

办学需要能长期维持的开支，徐琰深知这一关键点，因此，他首先要利用官方资源，协调上下同级，为书院运行准备足够的学田。

学田制自宋形成后，至元已渐渐成熟。主要由官方颁给书院一定的田产，以租赁收入供书院讲学课徒所用。地方政府和大多数官员也认识到，重教兴学是积德行善的事，所以也乐得在学田的颁给上显示政府的大方和财政的宽裕。这种国有土地形态一旦形成，日久便成了成例，并于北宋乾兴年间（1022）推广到全国。按后来的实践看，学田的来源主要有以下几方面：一是从国有土地中如户绝田、废寺院田产、没官田以及牧马草地转化而来，二是官僚、士绅、地主、商人捐献而来，三是地方政府拨款购买。徐琰及后来者为西湖书院所募集的学田，总不外这三种来源。

那么，西湖书院的学田总量究竟有多少呢？都是通过哪些渠道得来的呢？元代诗人、学者汤炳龙在《西湖书院增置田记》中有这样的记录：

> 松江瞿运使尝一再助田，合肆佰伍拾叁亩肆拾陆步，岁得米壹佰叁拾石，院中经费浩瀚……续置杭之仁和田陆拾捌亩一角，收米伍拾肆石陆斗……遂置湖州乌程、平江昆山二庄，共田拾壹顷贰拾玖亩贰角壹拾步，岁除优放，实收米柒佰伍拾贰石壹斗一升五合。山地共贰拾壹亩贰角壹拾步，房廊壹拾贰间，岁得租钱中统钞贰锭叁拾捌两玖钱捌分。自此春秋祭奠、师生廪膳、兴盖补葺，一皆取给于此。

粗略统计，三次置田，田产与山地合计超过1600亩，按每百亩地岁得米28石计算，抛开21亩山地，1580亩地岁得米超过440石，如果转售为时钞，当是相当可观的。

说到慷慨资助学田的松江瞿运使，也是个传奇人物。他本名瞿霆发，世为盐官。元兵打入临安时，瞿霆发率领一支地主武装主动归附。后为两浙都转运使，管辖浙江沿海及长江以南沿海的34个盐场，世以其官职相呼，由此世代相继，其家族主持浙江和上海盐政达一百五十年之久，是江南一带名副其实富可敌国的大家望族。

瞿霆发生性慷慨，乐善好施，仗义疏财，在朝中和乡野皆有很高的声望。至正初发生的特大潮汛导致当地的盐场全部被摧毁，盐民暴死无数。瞿霆发举家族之力，对受灾盐民进行救助，并组织力量恢复生产。有一年，地方上发生蝗灾，他又积极赈灾，完成课税。后来浙东地区闹春荒，他又发起赈募，计户分粮，救活了很多人。目前虽没有资料表明瞿霆发捐赠西湖书院的学田为徐琰所劝化，但廉访使成为西湖书院官方的指定管理和运行责任主体是毫无争议的。瞿霆发死后，时任浙东廉访副使的臧梦解为他写传，对他一生的义举作了详细介绍。

再是，还需盘活遗产，为当世所用。

南宋迁都临安，杭州遂成为一国文脉中心和图书刊刻中心，当时太学中便集中了大量的书版。据王国维在《两浙古刊本考》中的记载，数量当不少于二十万片："凡经、史、子、集无虑二十余万（片），约合三千七百余卷。"这个体量，即是前朝遗留下来的遗产。徐琰身居浙西官场，在倡议建设西湖书院之后，即利用官家身份，汇集这些书版到西湖书院，为西湖书院后来成为国家出版中心奠定了雄厚的资源和基础。

为整理缮补这些书版，官方组织了一支阵容相当强大的儒士队伍。来看看担任过经筵检讨的陈基在《西湖书院书目序》中所列的名单：

余姚州判官宇文桂；

山长沈裕；

广德路学正马盛；

绍兴路兰亭书院山长凌云翰；

布衣张庸；

斋长宋良、陈景贤。

这些人物，皆可谓一时之选。

有了官方的支持和这些饱学之士的努力，西湖书院的藏书、刻书事业达到一时之盛。据统计，西湖书院高峰时刻印的书目达122部，雕版数千，字数达数百万，修复和补刻了宋国子监本书板，主持刻印了《元文类》和《文献通考》等重点书籍。而书院重整的122部书目，囊括经、史、子、集四部精华，展现了西湖书院在出版刊刻书籍方面强大的实力。

元大德五年（1301）二月，徐琰去世。徐琰生前大力提拔的散曲作家滕宾写下《哭东原》一诗悼之：

人间八十岁吟翁，一转头来梦幻空。
化鹤何心归世外，骑鲸无信到江东。
香名合列仙班上，老气犹横诗卷中。
如此英灵元不死，梅梢月落响松风。

化鹤、骑鲸，都是升仙的至高境界，所以，徐琰先生您的名字理应列在仙班上，而您的才气至今都还留在诗卷之中，所以，您这样的人是不会死的。这首诗至情至性，对徐琰评价至高，只是论及徐琰一生事功时，对其首建西湖书院之功绩未曾提及，实在是一个遗憾。

徐琰于元至元三十一年起心动念创建西湖书院，到三年后建成，中间的曲折辛劳自不待言。更为重要的是，

西湖书院重整书目记

他在书院建成到履新翰林学士承旨之前的两年有效时间里，为奠定西湖书院的办学规模、实力和影响力，作出了开创性的努力，确定了元代西湖书院最初的格局。

徐琰任翰林学士承旨不到两年即去世，建设西湖书院理所当然成为他的人生绝唱。尔后不到百年间，西湖书院屡有兴废，一度沦为兵营。无论如何，徐琰本人是看不到这些了。

兴废往往受制于时局。时局有时候就是滚滚的历史车轮，巨压之下，一切皆是幻梦。只是，世间万事，哪一桩哪一件少得了造梦者的努力呢？徐琰的人生绝唱，得因于他为理想追梦，那是暗夜里的一点星光或一丛篝火，文明的火种经由无数个追梦人的手，方得燎原。

吴澄[1]在杭州的暮年论道

又是西湖五月天。

仲夏时节，百花绽放，暖风破愁，正是一年中最美的季节。

随着熏风吹来的，还有一个好消息：杭州城来了一位特别的老人。

这是元至治二年（1322）。这位老人不是别人，正是有元一代杰出的理学家、经学家和教育家吴澄。

这一年，吴澄已经74岁了。他不仅活出了同时代人均寿命的高峰，还活出了同时代人在儒学素养上的高峰。他到杭州来，是来凭吊他的老朋友赵孟頫的。之后，受人邀请，他在杭州举行了一场小规模的讲学。

旧地重游，他或许还记得至元二十四年（1287）秋冬时节在大都回江南前和子昂认识并倾盖相交的细节。

那一年，应程钜夫[2]的荐举，子昂入京受职，而吴澄也是程钜夫向忽必烈举荐的在野贤人之一。两人在

① 吴澄（1249—1333）：字幼清，江西抚州人，元代杰出的理学家、经学家、教育家。

② 程钜夫（1249—1318），名文海，因避讳以字行，号雪楼，建昌军（今江西南城）人，元朝名臣，文学家。

大都有过短暂又非常愉快的相处，那一年，他 38 岁，子昂 33 岁，都正当壮年。子昂在经过剧烈的思想斗争后，选择了入职，而吴澄却以老母没人照顾为由辞了朝廷的职务，回到江西草庐，继续著述讲学。如今，生死两茫茫，子昂不在了，程钜夫也不在了，他却还顽强地苟活着。这于他，是一种上天的眷顾，却也是一种精神上的折磨。

他还记得离开大都的时候，子昂写长文赠别，赞美他“经明而行修，达时而知务”，实在是让他惭愧，因为在朝廷乃至在举荐他入仕的程钜夫等人看来，他屡不应诏入仕，就是最大的不识时务，至于明经与修行，则本就是自己作为读书人的本分所在，何堪一赞呢？他当然明白子昂的这番美意，只是这样的赞美让他更为惶恐，只有加倍发奋，以为报效。

更为难得的是，子昂应吴澄所请，将自己江南的师友敖继公、钱选、张复亨、姚式、陈祖康、邓文元、戴表元等一一介绍给他，吴澄也因此而成为江南遗民群中的一员，得以书函往来、相互鞭策，这于他，实在是莫大的恩惠。在吴澄看来，行学奉道，最忌孤听绝闻，尤其在理解理学要义上，需要有智慧的同道相互阐发。自己这一生之所以还能有一些成就，一定程度上也是这个智慧高度集中的朋友圈的相互激发所致。

虽然钻研学问能排解世间上的如许烦心事，可一旦这些烦心事升格为左右自己心绪的悲伤，他就发觉钻研学问对排解这样的悲伤也无能为力了。两个故交的去世，对他是巨大的打击。

上一年，他在江州（今江西九江）寄寓濂溪书院，授徒讲学，将近一年。今年，应王氏义塾的邀请，他来到建康，核定王氏义塾规制，后来，义塾得到朝廷的重视，赐额“江东书院”。就在这时，得到了子昂去世的哀告。他不听门人和朋友的劝告，不顾年迈体弱，决定去德清送子昂最后一程，于是便有了这一次杭州之行。

杭州，于他是故地。江南都会，那是他早就心仪的地方，他和子昂以及子昂介绍的无数朋友，曾经在杭州有过无数次的雅集论道和讲学优游。这次短暂寓居杭州，除了重温和故友们雅集论道的往日时光之外，他都很低调，连这一次讲学都不事声张地举行了。

来的都是些年轻的儒士，因为圈中人相告，前来一瞻大儒风采。儒士们希望看到的是，这个继承程朱理学的大师，在晚年究竟有着怎样的思辨。当然，一些年轻好胜的儒士，也希望能以自己之所学和大儒一辩高下。所以，吴澄在简短的开场后，就把论学的主动权交到了儒士们的手上。

但儒士们显然对他的开场语很感兴趣，因为，他的开场语就从当年子昂写给他的长文序里讲起：

“昔子昂在大都送老夫回江南，有雅词丽句，老夫至今不忘，敢为大家诵习之：‘士少而学之于家，盖亦欲出而用之于国，使圣贤之泽沛然及于天下，此学者之初心。然而往往淹留偃蹇，甘心草莱岩穴之间，老死而不悔，岂不畏天命而悲人穷哉？诚退而省吾之所学，于时为有用耶？为无用耶？可行耶？不可行耶？’”①

赵孟頫在序中的意思是说：读书人学之于家，目的是用之于国，这是读书人的初心。但是为什么又往往甘心隐居于草屋岩穴之间老死不悔呢？这就需要我们思考我们所学于时是有用还是无用，可行还是不可行。

①语出赵孟頫《松雪斋集》卷六《送吴幼清南还序》。

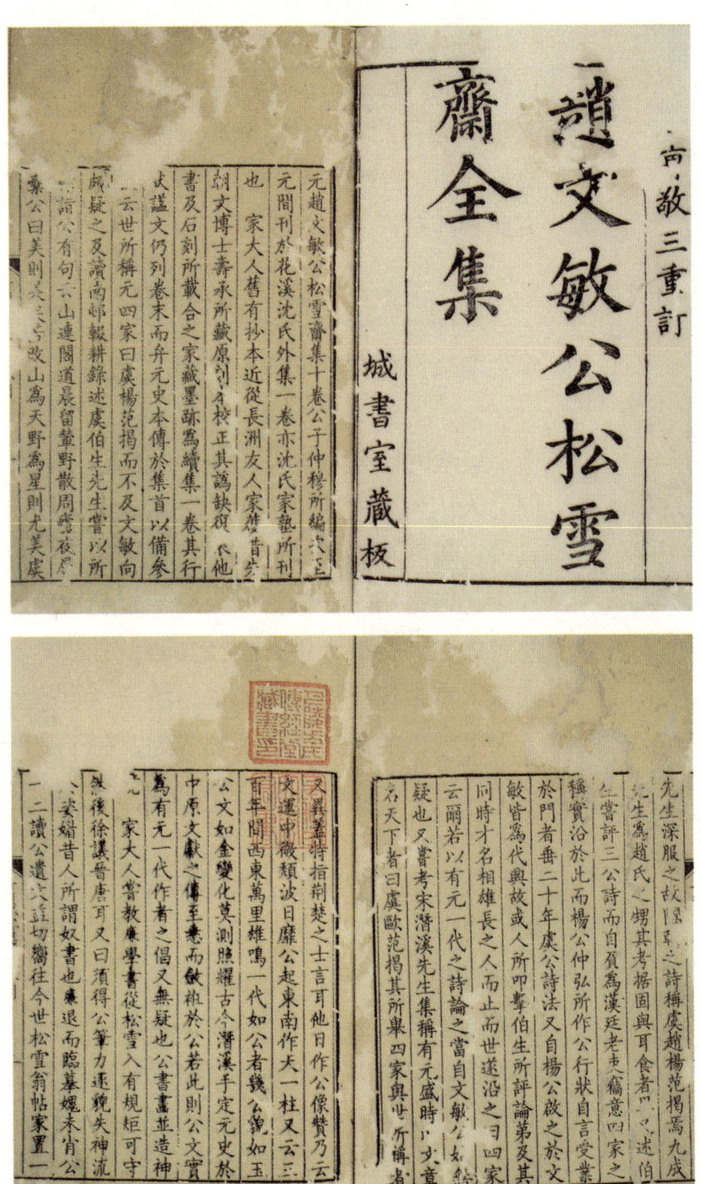

向敬三重訂

趙文敏公松雪齋全集

城書室藏板

元趙文敏公松雪齋集十卷公子仲穆所編次至元間刊於花溪沈氏外集一卷亦沈氏家塾所刊也 家大人舊有抄本近從長洲友人家獲昔年翻文博士壽承所藏原刻本校正其譌缺復以他書及石刻所載合之家藏墨跡為續集一卷其行狀謚文仍列卷末而弁元史本傳於集首以備參云世所稱元四家曰虞楊范揭而不及文敏向戚疑之及讀两邨輟耕錄述虞伯生先生嘗以所諳公有句云山連閣道晨留輦野散周廬夜屬橐公曰美則美矣改山為天野為星則尤美虞先生深服之故陽春之詩稱虞趙楊范揭為九成先生為趙氏之甥其考据固與耳食者異又述伯生嘗評三公詩而自負為漢廷老吏竊意四家之稱實沿於此而楊公仲弘所作公行狀自言受業於門者垂二十年虞公詩法又自揚公啟之於文敏皆為代與故或人所叩擊伯生所評論第及其同時才名相雄長之人而止而世遂沿之曰四家云爾若以有元一代之詩論之當自文敏公始然疑也又嘗考宋潛溪先生集稱有元盛時以文章名天下者曰虞歐范揭其所舉四家與世所稱者又異蓋特指荊楚之士言耳他日作公像贊乃云文運中微頹波日靡公起東南作夫一柱又云三百年間西東萬里雄鳴一代如公者幾公貌如玉公文如金變化莫測照耀古今潛溪手定元史於中原文獻之傳至悉而斂衽於公若此則公文實為有元一代作者之倡又無疑也公書畫並造神品 家大人嘗教秉學書從松雪入有規矩可守然後徐議晉唐耳又曰須得公筆力遒勁失神流、姿媚昔人所謂奴書也秉退而臨摹愧未肖公一二讀公遺文益切嚮往今世松雪翁帖家置一

《赵文敏公松雪斋全集》书影

稍一停顿，他继续说道：“子昂之问，千秋可思。可惜世间人论子昂，徒见其书画，而少论及其儒学辞章、义理思想。此等宏论，看似寻常笔墨、儒士常论，实则高屋建瓴、启智开胸。老夫近年于用、行之道，反复思量，究竟不能有答，实在愧对子昂。”

这时一个儒士站起来，拱手致礼之后问道：“先生半生隐逸，有大学问而未得大用，不知老至有悔否？”

吴澄的目光迎向这个儒士，说道：“何为有大学问？何为大用？老夫穷极半生，于先圣人学问奥义不过十窥其一，焉敢称为大学问者。再论大用，庙堂高阁，草野凡尘，皆是用之一体，何来高下之别？况此两途，老夫俱有体会。要得大用，全在其心，心在学问，而能使学问惠人，敦风化俗，即如子昂所云‘使圣贤之泽沛然及于天下’，便是大用。更要紧处，在于有所依凭，书院之兴，正是大用的基石，此千古不移之理。”

众儒士鼓掌应和，继续听吴澄侃侃而言：“皇庆二年（1313），朝廷恩以二程公、朱文公及司马（光）公、张公（张栻）、吕公（吕祖谦）及许公（许衡）从祀孔庙，又颁行《科举诏》，截断多年的恩科取仕得以重续，此皆本朝以来未有之新局面。窃以为复科之诏，非仅出于中枢，更受民间儒学之影响。昔仁甫先生[①]入大都，开太极书院，理学得以北传，距今不过五十余载。儒学能成为官学，先儒们虽只有横草之功，聚少成多，终成大事。”

“先生所言横草之功，莫不是为您自己的‘草庐学派’张目？”有儒士问道。

“学派之谓，不过标识代号，非为门庭。老夫向来不存门庭之见，折中朱陆，即在汇通，亦为天下学问开门户。

①仁甫先生：赵复，生卒年不详，字仁甫，德安（今湖北安陆）人，元代理学家，为程朱理学在北方传布出力颇多。

然则此等究诘，实即来问不敬，心之难实，当在想见之中耳！宁不戒乎？”

一席话，寓批评告诫于回答之中，说得提问的儒士面红耳赤。吴澄历来是强调学问主敬的，凡学者来问，“每先令其主一持敬，以尊德性；然后令其读书穷理，以道问学”[①]。这个儒生的提问，出口不纯不敬，显然在论道问学上走了弯路，他必须予以纠正，以收“驳一儆百”的功效。这，才是自己讲学的价值。

“老夫早前已有数条自警自省之语，并拣择数件书，要在开格致之端，是盖欲先反之吾心，而后求之五经。尔等不能离人伦而穷物理、析经义，更不能专于一心而不务周于事。主敬，要在以修养。主敬，则心常虚，虚则物不入也。主于敬，则心常实，实则我不出也。”

这一番对自己毕生学问的再次阐明，让在场儒士大受裨益。有儒士问：“闻先生目下正撰著《五经纂言》，可有心得开示？”

吴澄的《五经纂言》，始撰于元仁宗延祐三年（1316），他的雄心，是以自己一生所学，对儒家典籍《诗经》《尚书》《礼记》《周易》《春秋》五部经学著作进行疏解，以上接二程及朱熹的理学成就，下启儒士之经学思维。这样浩大的工程，以他的学养，都要花很多功夫，好在即将奏功。在五峰僧舍，他历时六月修成《易纂言》，而后在建康修成《书纂言》，目下正在着手的是《礼记纂言》。这些都拜他年轻时校订“五经”，中年后“采拾群言”，“以已意论断”，“条加记叙”的努力所赐。他的宏愿，正在于发掘朱熹研究五经的“未尽之意”。

①语出吴澄《吴文正集》。

所以当吴澄说到“撰修《五经纂言》，正在于发掘朱子研究五经的‘未尽之意’”时，即有儒士问：“吾辈尚能入手乎？”吴澄照例是微笑着回答：“学问者，天下之公器也，只是需得有发掘之眼力。”接着，他继续阐明自己撰修《五经纂言》的路数：“五经之内容，需得从义理方面疏解，以知其微言大义，一并踵事增华朱子之说。汉唐学者所治，限于文字训诂，此是一弊，救弊之法门，端在义理疏注。老夫愿以残年，成就此功。”

这一番论道问学，持续了三个时辰。吴澄虽有倦色，但并不轻言谢幕。主事者为他健康着想，提示儒士们问最后一个问题时，他还拒绝道：“不妨不妨，难得大家谈兴正浓。”好在儒士们体谅他年高力疲，最后公推一个儒士，提了一个很有地域性的问题：“入朝五十余年来，杭州虽为江南首善，但大都在北，文化之重因此极于北国，文教之兴，杭州似已不能抗手大都，北上抑或南守，吾辈当如何处之？”

话题由此又回到了吴澄开场所引赵孟頫的文字中所揭橥的千古之问。用耶？行耶？庙堂之高，岩穴之乐，这是撕扯儒士们的千古难题。看来不指明一条路，儒士们将来还是难免彷徨歧途，他只能继续以子昂的经历来阐明“沟通南北”的意义：

“子昂之所行，足为尔等所学。其往来南北，沟通学问，大功昭然。大都虽重，不过君庙所系，论及文教，根底还在江南，重心只是杭州，此无疑义也。困守江南与一意羡北，皆非儒士所当为。唯要者，恰在南北沟通，相互骑驿。子昂云：吾出处之计了然定于胸中矣，非苟为是栖栖也。尔等当于此语中求之。”

这话说得再明白不过，赵孟頫了然于胸的想法，就是要借助自己作为江南儒士的代表，以身在大都为官的条件，在南北文化沟通与交流上力所能及地做一些事，而你们这些后生，正应从这一志向里寻找方向。

说完后，吴澄便收拾好讲案上的书籍，准备谢幕了。人生有启幕，便有谢幕。他知道，自己该是收笔归匣、拢墨聚纸的时候了。这一生，虽然自己屡屡拒绝入仕，大多数时候在家乡讲学授徒，但是几次的“南来北往”，走的其实也是和子昂一样的沟通南北的路径。不走出去，不到北边的大都，或许自己是很难有这样的笔力的。读万卷书，行万里路，这样的圣人之言，真的是“大言若小”。现在，他确乎做到了自己少年时就立下的志向：接武朱熹，开创未来。有了这个底气，他对自己的谢幕就并不恐惧，反而有一种释然的期待。

因为，他从这一场在杭州的讲学里，在他反复陈明的“南北沟通”里，看到了书院发展、儒学在杭州光大的蔚然气象。

钓鱼台上读书声

南宋绍定元年（1228），时任知州的陆子遹以祠堂为基础，建设书院，教育严家子弟及周边的优秀儒生。

钓台书院就这样开始了它光荣而充满风雨的历程。

有人捐学田，就有人侵占学田。钓台书院在元朝的几度兴废，测试出了人心的不尽纯良美好，总有人觊觎书院学田带来的庞大利益，至于影响了办学，这不是他们考虑的问题。

早在元朝初年，书院的学田就被全部夺走，地方豪强又强势夺取了书院的30顷林地，使书院维持正常教学的经济来源被渐渐截断。无奈，钓台书院山长只能诉之于官府，希望能得到公正的裁决。但官司打了很多年，因为盘根错节的关系和缠绕牵连的利益，钓台书院的学田被侵案一直未得到公正的裁决。

其实侵占书院学田和资产的例子历代都有，钓台书院绝非孤例，但是历代书院山长面对地方势力或官商勾结时往往处于劣势，而且林田被占，书院资金减少，必将影响生源。而书院一旦生源减少，学舍空置，侵占行为又会更为严重。年深日久，权属模糊，判定艰难。钓台书院学田被侵占一案多年未得解决，其中也不乏自身的因素。

非常之功必待非常之人，至正元年（1341），严州总管罗廷玉偶然读到钓台书院学田案的案牍，大为震惊，为发展地方教育事业计，他下决心重理此案。在他的主持下，地方政府重新审理了钓台书院学田被占案，罗廷玉安排专人重新丈量清理了书院的学田，按照肥沃贫瘠两个等级，均分为二，其中一部分还归书院，妥善化解了这起争讼多年的官司。

为进一步修明学政，罗廷玉还在达鲁花赤高昌间尔的支持下扩建书院。达鲁花赤作为元朝的地方军政、民政和司法官员，是地方政府的掌印者和督官，具有很高的地方事务决定权。这个维吾尔族的官员受元朝官员“弃弓马而就诗书”习气的影响，在发展地方文教事业上和罗廷玉保持了高度一致。经过两位地方首脑的筹划，扩建的钓台书院共有房屋 49 间，修复了燕层殿、清风堂、招隐堂等 10 余所学堂，还新修了三公不换亭、天下十九泉亭、锦峰绣岭亭等书院建筑，使钓台书院重现盛况。

完成这两件大事后，罗廷玉又着手书院山长的选拔任用之事。

书院的管理者何以称山长？这还得从五代时期讲起。永州零陵人蒋维东，博学多才，后来隐居衡山，以讲学为业。四方学子从其学者，最多时达 50 多人。这可能是书院早期的雏形，蒋维东的山中住所就是后来的书院。后人便将山居讲学者呼之为“山长”。山长是山中灵气所在，比居于城市里的人更靠近天空和自然，有足够的能力和智慧避开尘世的喧闹而安守儒家教化，并将自己

府劄該照得欽奉聖旨節該應設廟學書院作養後進
嚴加訓誨講習道藝務要成材本路總管提舉儒學肅
政廉訪司宣明教化勉勵學校凡合行事理照依已降
聖旨施行欽此除欽遵外今據見申除已劄付建康路
就便申覆行御史臺行下廉訪司講究擬議可否施行
外仰照驗施行奉此已經移牒建康路并行下本路儒
學依奉省臺事理施行去後今奉前因儒司除外合下
仰照驗於本處請糧儒人内遴選真材碩學堪為師範

欽定四庫全書　廟學典禮　卷六

之士并合設去處擬定官吏保結申司施行

山長改教授及正錄教諭格例

江浙等處行中書省大德五年六月劄付准中書省咨
吏部呈奉省判元呈江南書院山長改設教授又教官
額員陞轉等事於大德四年六月内約會到翰林國史
集賢院禮部官等一同議擬到下項事理具呈照詳得
此都省除外咨請照依區處定奪事理施行准此除外
省府合下仰照驗照依中書省咨文内事理濫用員數

盡行革去仍照勘亡宋歸附以前合設書院去處所出
學糧多寡歸附後創設去處目今有無學田通行照勘
明白備細開坐同合設教官額員并各各到任月日一
就開申外據見設教官并以後補替人員依上季報施
行一江淮迤南書院改設教授照得至元二十一年二
月呈准中書劄付近為江淮見設提舉學校官各路亦
有設者此職與教授等學官其品級相懸於義未當兼
南方府州軍縣學校書院所在皆多若不定立學官員

欽定四庫全書　廟學典禮　卷六

數及各分品級使高下合宜以備將來陞轉南方選到
文儒之士可為後進師範者何以處之為此送吏部與
禮部翰林國史集賢院一同議得南方前進士可為師
範者多兼所在學校書院俱有錢糧足以贍給使教官
得人職業修舉作成人材以備他日選用其於治化本
原所繫甚重緣自歸附之後老成前輩恬於進取各處
保充教官者其學問才德往往不壓人望近年以來一
道既設提舉學校官各路又設提學既與教授並為學

官教授而下又有訓導提點錢糧等職名不惟品級相
懸於義未當而官冗人濫深為不副上司崇重師範樂
育人材之意議得隨路教授學正學錄師範後進作養
人材譔述進賀表章考試歲貢儒吏資品雖輕責任實
重若非公選傳學洽聞有德之士將見幸門一啟賢不
肖混淆雖欲盡革前弊不可得已今擬到江淮學官格
例乞照詳都省除草罷各道提舉學校官并訓導提調
錢糧等官聞奏外餘准所擬仰照驗施行數内開項該

欽定四庫全書　廟學典禮　卷六

江浙學官各路擬設儒學提舉一員教授一員學正一
員學錄一員直學二員散府諸州并各處書院擬設教
授一員學正一員學錄一員直學一員教授祗受勑牒
學正擬受行中書省劄付學錄教諭拘該行中書省親
臨路分擬授本省劄付外宣慰司所轄去處並受本司
付身直學止從本路出給付身各路儒學提舉與教授
一同管領學事學正學錄不得連銜簽署文簿府州并
各處書院准此直學掌管本學田產屋宇書籍祭器一

《庙学典礼·山长改教授及正录教谕格例》书影

的一言一行作为学生的示范，因此，除了学问优长外，山长还需要成为儒生们的道德楷模，其个人操守不允许有太多的负面存在。

“山”的范围宽广富饶，“山”的高度与日俱增，它象征着学问的宽度与高度，是故山长之称谓有高度，自然、高洁、安静，不与尘世论争，读书做学问本就是安静的事。

在罗廷玉到严州任职以前，朝廷早就对江南的书院管理有了清晰的想法。山长作为书院的灵魂人物，必须牢牢掌握在朝廷手上，由此书院的领导权才能得到有效控制。即便是私人兴办的书院，山长的任命也要授权地方政府选拔修建者或者有声誉的读书人，而不是听之任之，这种名义上予以承认的程序一旦完成，私人书院的官学化就得到了确认。自然，政府投资并划拨学田保障经费的官办书院，其山长的任命就直接进入到地方学官的序列，有了政府发给的薪俸和明确的升迁之途。

在朝廷发布的《山长改教授及正录教谕格例》上谕中，明确了教授为从八品，选拔任用的标准为“以前进士及学问该洽、士行修洁、为众推服，提刑按察司体县官内选用”，包含了学问、道德品行和公众口碑几个主要的方面，而选拨任用的职权就交由提刑按察司［元至元二十八年（1291）改称为肃政廉访司］来主持。

书院在元朝的发展过程中，始终能看到这个执掌一省刑名、司法和监察事务的机构的影子。在杭州，这样的职责当然划归于浙西道提刑按察司。罗廷玉在钓台书院山长的任命上，也需要完成一个向浙西道提刑按察使报告的程序，而不能自行任命。

按照上谕的标准，现任山长沈元鼎是符合的，他当然是钓台书院山长的当然人选。学田被侵占一事，尽管在他任上没有得到有效解决，但责任不在他。况且他已经铢积寸累地将兴废起坏的计划付诸实施，只是能力有限，这都在可理解的范围内。更为难得的是，在钓台书院被侵扰的岁月里，沈元鼎能顶住各种压力，多方筹划，保证正常的教学不受影响，这实在是有功于书院、有功于地方的一桩成绩。所以，完成书院的新建工程后，罗廷玉就向提刑按察使大人作了推荐，很快，这个任命就得到了批复。

三年任期将满前，罗廷玉早就为钓台书院物色到了合适的继任者，这是他作为朝廷委任的地方官的职责所在。钓台书院在多位山长的打理下，进入到全盛发展期。昔日严光隐居的清幽地，现在有了儒生们琅琅的读书声，这或许也是严光没有预料到的吧。

张士信重光西湖书院

有一句俗话：秀才遇到兵，有理说不清。

可如果秀才读书的地方被大兵给侵占了，秀才还敢跟大兵讲理吗？

嘴皮子斗不过刀头子，这是明摆着的事。可凡事总有例外，不是有一个成语叫“唇枪舌剑”吗？还有更厉害的，战国时那些纵横家，一张说话的嘴可以抵得上万马千军。理亏了，刀头子就得让着嘴皮子。

所以这事还真有。

元惠宗时，离元朝覆亡已经不远了。作为元朝最后一个皇帝，元惠宗并非像历史上大多数末代皇帝一样无能，早期的他还是颇有图治之心的。他少年时受儒家思想教化，尊师重教，继位后，罢黜权臣伯颜，在中书右丞相脱脱的支持下实行儒治，恢复了科举制度，使压抑多年的儒生为之振奋。在元末天灾频仍、农民起义此起彼伏的不利局面下，他还不忘大力发展文教，兴办书院。元朝国祚不足百年，全国新建书院 163 所，在惠宗统治的三十五年内总共建了 54 所，远超元世祖忽必烈所建的

34 所，几乎接近整个元朝新建书院的三分之一。而重建书院的数量，惠宗一朝也是整个元朝的高峰，达到 17 所，比忽必烈之后五位皇帝官资修建书院的总和还多[①]。

仅从这个数据来看，元惠宗是一个有作为的皇帝，他将文教振兴作为维持统治的根基，尽管这种努力并没有改变元朝最终覆亡的结果，但他在元末财力匮乏、政治动乱的背景下，仍然坚持发展书院的远见卓识，为明朝书院发展高峰的到来作出了积极的贡献。

在这种大背景下，秀才和大兵讲理自然就有了很强的底气。

元至正十五年（1355），中原红巾军正式建立政权。当年七月，张士诚攻破杭州，元江浙行省左丞相达识帖睦迩逃走。随后，张士诚在与朱元璋争夺江南地盘的战斗中失利，不得不于至正十七年（1357）八月举兵降元。由于他常驻隆平府（今苏州），于是就上表朝廷，推荐他的四弟张士信任江浙行省左丞相，帮助自己管理江浙军政事务。惠宗当然准了他的这个请求，张士信由此进驻杭州。

前度张郎今又来，西湖书院可曾开？

对于张士信来说，杭州城是个熟悉的地方。在他还没有跟着哥哥张士诚造反之前，就在杭州生活过很长的时间。恰好，他当时就受聘担任西湖书院山长。

以行伍身份回到杭州，这对于张士信来说，大约是最魔幻的人生安排。虽然跟着哥哥造反，但他骨子里还保留着秀才尊师重教的传统。当他回到杭州，看到西湖书院衰朽不堪，几个正堂里住满了元兵，原有书院重儒兴教的气息和痕迹早已消除殆尽时，出于读书人的良知

①有关数据引自邓洪波著《中国书院史》，武汉大学出版社，2017 年。

和责任，他愤怒了，当即找来驻院元兵的将领，劈头盖脸就是一顿训斥：

“此间历来为兴教之所，焉得纵兵放肆如此？且置斯文于何地？”

面对这位新来长官的训斥，那名将领却并不慌张，他有他不得不如此的苦衷，并早已准备好了一番情理皆备的说辞：“大人有所不知，朝廷应对诸路叛逆，历年来征兵不断，兵员新征之后，总要操练教习一番才可上阵御敌。以书院之场域，在文事之余，兼练新兵，亦属两全其美之举，何况一张一弛，文武之道，这也是圣人之言吧？”

将领的强词夺理，让张士信勃然大怒，加上其所言诸路叛逆，大有含沙射影的用意，他决定不给这个将官任何情面，于是提高话音，一面训斥，一面不由分说发出了命令：“如此鸠占鹊巢，还胆敢言文武之道。昔年某掌院西湖，如此侮辱斯文者，从未遇也。限尔等三日之内，搬出书院，另寻相宜，还院清静，否则以违军令处置。”

张士信的“最后通牒”，让将领始料未及。军人出身的他看不起秀才出身的张士信，加之对张士信随哥哥半路投降然后位至行省又有不满情绪，当即抗声道：“大人所令，恕属下断难从命。一则驻院操练，已得上官核准，如要迁出，需得再报；再则腾换驻地，颇费周章，牵涉面广，三五日决难安置妥帖；三则新兵操练，已有时日，周边环境，皆已熟谙，如另迁他处，倘有水土不服，恐生哗变。”

“请大人三思。”一班驻军的中下层佐领也来帮着上官说话。

见此情形，张士信明白，如果自己过于强硬，很有可能引发冲突，虽然自己有能力镇压，到底不是上策。况且自己刚刚入驻杭州城，正要弥缝各方势力，寻求善治，迁兵复院之事还得从长计议，稳妥为上。于是他缓和了口气，做出了另外一番部署："既如此，且容尔等做出周密计划后再迁，某也当奏明圣上，讲明道理。旬日之内，务必迁出。"

让步之后，张士信并没有稍停他的计划，而是一面安排人帮驻军寻找相宜的场所，一面写信给哥哥张士诚，寻求他的支持。

重视文教事业的张士诚对弟弟此举自然大加赞同。在定都隆平府后，他就颁布了《州县兴学校令》，在这道敕令中，他强调："风化之本系人伦，贤才之兴关学校。今者豪杰并起，相与背叛，良由父子、夫妇、兄弟之道失序，故君臣之义不明，廉耻道丧，王纲解纽，实在于斯。凡属州县，聿稽前典，务选明博好礼之士，朝夕讽诵，以修明伦序，以兴起贤能。"在他的号召下，隆平府设立学士员，开办弘文馆，招纳"将吏子弟、民间俊秀"，入学者的日常饮食和津贴都由大周政权提供，此后在江浙地区主持了两次乡试，选拔了一批优秀的读书人入仕。同时设立礼贤馆，广招四方文士，吸引了施耐庵、罗贯中、陈基、陈维先等元末名士投奔帐下，江南文教风气在此期间又达到了一个高峰。

张士诚收到弟弟关于迁兵还院动议的书信后，立即复信予以首肯，并拨付银两，以作修缮书院之用。为避免驻军将领从中作梗，他从朝廷要来圣旨，将驻军将领外调。张士信在找到新的操练营地后，驻扎在西湖书院的军队很快就顺利迁出了。

驻军迁出当日，张士信卸下戎装，穿上儒服，率领杭州的一班儒士，在西湖书院举行了隆重的还院大礼，除了迎回大成至圣先师像外，还迎回了岳、林、苏、白四君子像，并以先掌院之名义发表了激情洋溢的演说。

接下来，张士信又大刀阔斧地整修书院，修补六经版籍，西湖书院的面貌为之一新。江南士林对此给予了极高的评价，东南名士杨维祯在《重修西湖书院记》中对张士信做出如此评价："于戎马之隙，振斯文于既往，起清风于后来，使岳、林、白、苏四君子之泽与六经之道同于不朽，其有功于名教岂曰浅哉？"

评价一个历史人物，要反对简单的非好即坏的二分法，认同科学的辩证评价方法。张士诚、张士信兄弟后来骄奢淫逸、疏于政事，败给了朱元璋，其大周政权在统治江浙一带十余年间，也确实有附庸风雅、收买读书人的种种行为，但兄弟联手兴文教、取名士、办书院、化民风，使江南一带在元末农民起义中免受涂炭而得以休养生息，确是客观的历史功绩，不应否定。从这个意义上来讲，杨维祯作为东南名士给予张士信的这番评价，绝不是违心的吹捧，而是出于真诚的肯定。

有过不讳，有功不隐。起码在迁兵复院这件事上，张士信不负他西湖书院旧任山长之名。秀才说理，大兵让步，这个不是传奇的传奇，理应被历史记住。依托于元末书院发展的良好基础，明朝江南地区，尤其是杭州书院的繁荣与辉煌时期，就这样以不可阻挡之势来临了。

易代之际那些无法避免的斑斑血泪，都是历史的一部分；而那些微弱但从未止歇的琅琅书声，更是那历史里最最动人的一段旋律，那是西湖边千年不绝的最美天籁。

第三章

心学言传

天欲雪，云满湖，楼台明灭山有无。
水清出石鱼可数，林深无人鸟相呼。
腊日不归对妻孥，名寻道人实自娱。
道人之居在何许？宝云山前路盘纡。
孤山孤绝谁肯庐？道人有道山不孤。
纸窗竹屋深自暖，拥褐坐睡依团蒲。
天寒路远愁仆夫，整驾催归及未晡。
出山回望云木合，但见野鹘盘浮图。
兹游淡薄欢有余，到家怳如梦蘧蘧。
作诗火急追亡逋，清景一失后难摹。

北宋熙宁四年（1071），苏轼因反对王安石变法而被贬为杭州通判。赴任杭州前，他去向老师欧阳修辞行。欧阳修拉住他的手说："子瞻啊，此去杭州，人地生疏，知音寥落，仆特地给你介绍两位妙人，想必你们一定相互欣赏。"同时还写了一封信让苏轼带上。

到杭州稍事休整后，第三天，苏轼就带上欧阳修的介绍信前往西湖孤山报恩院拜访这两位妙人。和欧阳修所料一样，三人确实一见如故，恳谈多时。因天寒路远，车夫催归，苏轼才不得不结束了这次初访。

回家后，苏轼迫不及待研墨展纸，追写这次访问报恩院即目所见和清谈所感。

这便是上引《腊日游孤山访惠勤惠思二僧》诗。此诗历来已有多种解读，在苏轼所写的与西湖相关的近500首诗词作品中，也许不算是极上乘之作，但因为它和杭州书院有极深的渊源，所以不妨只注意诗中对报恩院的场景描写。

深林、纸窗、竹屋、野鹘；鸟呼、路盘山、云木合、水清石、鱼可数。在这样一个天雪欲、云满湖的天气里，诗人去访的，正是老师欧阳修给他介绍的两位妙人：报恩院的惠勤惠思二僧。一段中国文化史上名士高僧交往的佳话就这样在报恩院落笔。苏轼在写这首诗时，生怕在路途上耽搁太久而忘记了和两位高僧交流的详情，因为这样的情景一旦忘记就再难描摹了，所以，一到家他就心急火燎地追想他们曾经聊过的话题。

这哪里像给两个和尚写诗啊，分明像是在给意中人写信。

苏轼的赤子情怀，于此可见一斑。

其实，艺文名士与禅门高僧的交谊，历来不乏佳话，史已多见，苏轼才高且名高，使并非普通僧人的惠勤惠思跟着千古留名，这是他们的相互成全。

一并，他们还成全了报恩院这个山水佳胜之地。从苏轼的这首诗里，大多数人不仅向往诗人这难得投契的山林之交，更对这个占据西湖绝佳环境的报恩院心生向往。

这其中，就包含一对恋人。

明弘治十一年（1498），因不堪报恩寺和尚行为不检，时任浙江右参政周木[①]将僧人驱逐出寺，依托寺庙原址，改建为万松书院，并延聘孔子58代孙孔绩掌管祭祀事宜，实则为书院山长。

驱僧建学，这一幕如此熟悉。元末张士信驱兵还学的场景，在杭州人的记忆里还没有走远，周木又站了出来，有他们在，有他们理直气壮地发声，杭州的文脉会得到很好的赓续。

万松书院建成后，一对恋人就慕名而来。书生梁山伯与女扮男装的祝英台在杭州草桥结拜后，来到万松书院，成为书院的学生，日夕诵读在这风景秀丽的万松岭上，直到三年学成之后离开。

梁山伯与祝英台同窗共读于万松书院，这虽然是一个美好的爱情传说，未必真有其事，但假如放下历史考据的放大镜，以爱情传说"想象"之眼来观察，这样的故事又未必真无。新建的万松书院里，依然保留了草桥亭、梁祝书房、浣云池等陈迹和景观。他们来过，他们在这里读过书，这应该是大多数杭州人共同的执念吧：他们愿意相信梁祝确实是同窗并就读于这万松岭上的。

对读书谈恋爱持什么态度？呵呵。梁祝草桥结拜，万松岭读书，他们在古代已经是适婚的年纪了，这无可厚非。即便从学生的角度讲，万松书院作为当时杭州的府学，他们也应该是大学生了。一切真挚而相互珍惜的情感都值得肯定和祝福，大学生谈恋爱，这有什么好反对的呢？

嘉靖五年（1526），一代大儒王阳明来到万松书院，为杭州的学子们讲授心学大义。这一年，王阳明54岁，

① 周木（1447—？）：字近仁，苏州府常熟（今江苏常熟）人，在出任浙江参政期间，主持修建万松书院。

万松书院忆梁祝

一生学问，至此达到最高境界，其阐述的“致良知”“明五伦”，皆是必生所学，其上接朱熹陆九渊的理学精义，下启明代儒学及后世儒学的万古心胸，使万松书院学子如听圣训，如沐松风。

为我一挥手，如聆万壑松。明朝杭州书院繁荣发展的巨幕，就这样徐徐开启了。

这一段故事，就这样从万松书院的兴建开始讲起吧。

周木重建万松书院

苏轼常去报恩院，不仅仅因为那里环境清幽，主要还是可以和惠勤惠思二僧袒腹论事，倾心结交。所谓“陌路人片语不接，知己者则言之不尽”，道理正在这里。在东坡看来，脱下那身官袍，他也是可以和二僧一样，在山中论道，不问世事的。

“故人已为土，衰鬓亦惊秋。犹喜孤山下，相逢说旧游。”即便在故人已为土的伤心境遇下，还有说旧游这样的喜事，在这首《哭欧公孤山僧惠思示小诗次韵》诗里，有东坡对生死问题的达观和超脱，诗题的“哭”和诗句中的“喜”两种情绪交织，乍看让人很难理解，细思则正见出东坡高于常人的思想境界。更为难得的是，在这首诗里，饱含着他对禅门德高者的喜爱和推崇。

令人痛心的是，报恩寺这样高僧大德辈出的名寺，传到了明代却被一帮贪慕钱财、争竞豪奢、沉醉红尘的酒肉和尚所占据，他们交结豪门、参与经商，屡屡做出破戒之事，世人颇有非议却始终无法还佛门之清静。

任何时代都需要那些革故鼎新、开创新局的改良者。到了 1498 年，一个叫周木的地方大员到任了。

周木是江苏常熟人，明成化十一年（1475）乙未科进士，以南京行人司左司副司事开始进入官场，在这个位置干了多年后，他被名臣王恕[①]所赏识，提拔为吏部稽勋司郎中。

周木少有才名，饮誉乡里。据《康熙常熟县志》记载，周木童年时期就有不同于常人的见识，曾有人问他长大以后想做什么，他回答说：为了侍奉君主。

这样的志向在他所处的时代来说也可以称得上是远大不凡。不管是口头表达还是命题作文，小周木"我的理想"所呈现出来的与众不同的气质，让人们从此对他刮目相看。他本人也没有让大家失望，乡试、会试、殿试，一路过关斩将，手到擒来。不到30岁便已经进入官场。

周木是个直性子，耿直敢言，也敢于兴利除弊，敦风化俗，即使触及到某些官僚集团的利益，他也在所不惜，这在明中叶的官场里是难得的异类。为减轻民间赋役，他主张对朝廷的赋役制度进行清理："可因者因，可革者革，务在公私两便。因者必杜其请益之门，革者必绝其复开之路。"其议着眼于惜民本、锢民财、省民力，可谓甚得民心。

升调浙江布政司右参政后，周木继续坚持自己秉公办事的作风。浙江永康曾有一桩官司牵扯到豪门大户，府县畏惧该豪门势力，一直不敢结案。周木到任之后加以决断，大刀阔斧地处理了该豪门的朋党，牵涉人数有数百之多。此外他还清理了杭州前后两卫军籍，揭隐漏，辨冤屈，明断公正，为人称颂。

受儒家思想影响至深的周木，时刻以儒家规范的教化礼节行事。凡事正人先正己，倡行孝道，自己首先尽孝。

①王恕（1416—1508）：字宗贯，号介庵，三原（今属陕西）人，明朝中期名臣，"三原学派"的代表人物。

对于民间陋习，他也敢于理直气壮地加以革除。杭州葬俗习用水火葬，到任后，他一面下令革除，一面给出解决办法：设立义冢，让百姓有葬所，相当于今天的公墓制度。

在杭州民间还流传着一个周木尽孝的故事。说他某天早晨例行去向父亲请安，老父亲尚未起床，听到有人在外面说话，就问："谁啊？"周木应答说："周木问安。"老父亲这回没再说话，周木就离开了。可是，过了一会儿，周木又去问安，结果老父亲生气了，怒气冲冲地从里面披上衣服走出来，对着周木吼道："我还在睡觉，你吵什么吵，好梦都被你打扰了，你一个劲儿地问什么安啊？"

这个故事不知真假，但因为和另外一个故事被人们同时传颂，因此也未必全是演绎。这个故事说的也是另外一个大儒，他的名字叫陈献章[①]。陈献章事母甚孝，结婚之后，每次与妻子同房，都要向寡居的母亲禀告："献章求嗣。"后来有一个朋友责怪他说："你每次和妻子同房都要告诉你母亲，在你看来，这是一种孝顺的行为，但是你有没有想过你母亲是寡妇呢？这样对她会不会是一种刺激呢？！"

"献章求嗣"与"周木问安"就这样成为两个相类似的笑话，被人们笑传。时人的理解，在于倡行孝道也要讲究方式方法，并注意分寸。陈献章和周木对父母尽孝，值得肯定，但没有掌握好分寸，便成了笑话。

但这两个故事里，有周木和陈献章合理的情感和伦理逻辑。周木父亲先应而后未应，周木事后觉得心里不踏实，总担心老人会不会有什么不适，所以再问，这是人子纯孝之举。虽然结果是触怒了父亲，但达到了问"安"尽孝的目的。陈献章告诉母亲为求嗣而与妻子同房，是

①陈献章（1428—1500）：字公甫，广州府新会县白沙里（今广东江门）人，世称"陈白沙"，明代著名思想家、教育家、书法家，明代心学奠基者。

明白寡居母亲的处境，说明自己与妻子同房只是出于求子嗣而不是贪恋枕席之欢。不孝有三，无后为大，“求嗣”之事，不仅是陈献章的宗祧责任，或许也是寡母的要求呢？所以，将周木和陈献章的尽孝行为一味地看成笑话，自然是不可取的。

无论是周木还是陈献章，他们所行的孝道，在他们所处的时代尚存在一定的异论，更何况用现代文明的视角来考察了。因此，他们的孝道毕竟存在一些历史局限性，当代人大抵不必按这个标准以尽孝道。

周木在杭州最深得民心并影响后世的一大举措，是在杭州首铸奸臣秦桧夫妇跪像，从中可以看出他鲜明的忠奸观念和爱憎情感，这些观念和情感，都是儒家思想里特别突出和昭明的。主持重修岳飞墓，并提议用铁铸造秦桧夫妇跪像，让奸臣为英雄下跪，正是受儒家思想影响所致，当然，他或许也更深刻地读懂了民心。甚至，在秦桧夫妇下跪像的设计上，周木或许也表达了自己的

岳飞墓

意见：他们必须反剪双手，赤裸上身，低着罪恶的头，面对岳墓长跪谢罪。在这个设计意见里，让秦桧夫人赤裸上身是否与儒家礼教不合的争议，最终让位于忠奸观念和爱憎情感，因为后者是大是大非问题，在出于正义的大是大非面前，可以忽略一些小的礼教。

杭州市民及后来闻名而至的游客的态度，证明了周木出于大是大非的忠奸观念和爱憎情感的正确性：他们看见下跪的秦桧夫妇，无不拍手称快，那副题为“青山有幸埋忠骨，白铁无辜铸佞臣”的楹联，说出了他们共同的情绪。作为主事者，周木有理由因自己在杭州城的这些举措信心倍增，同时也在敦风化俗方面感受到重大的责任和非凡的意义。

自此，周木将查考地方风俗、矫正时弊作为他为政一方的重点工作来抓，并安排了一位下属，专门访风问俗，“但凡有违大节礼教之事，需得及时禀报”。

这一天，周木就在书房听到了一个不好的消息。

“万松岭上报恩寺一众僧人，不守清规，不持戒律，指涉纠纷，插手民讼，至于骄奢淫逸、败坏风气，实在已经由来有时了。”这位书吏刚一入座，也不客套，就向周木禀道，那语气与其说是禀告，不如说是声讨。

“杭州素为礼教昌明之地，竟有此种秽行？你可曾探明？”周木拍案而起，厉声问道。

书吏素知周大人脾性，遂将自己访查的情况一一道来。原来这报恩寺在元末明初历经兵戈，毁坏得已不成样子。宣德年间（1426—1435），本地一信佛的大户捐资修复，方有了今天的规模，但逐渐生了大户家庙的根子。

本朝初，这家大户委派管家驻寺管理，名义上是监督维护兴建所需的工匠物什、开支银两数目，实则让管家有了以寺为产、中饱私囊的机会。这管家将家眷带到寺中，对手下杂役管事也不加管束，任由他们经商的经商、宿娼的宿娼，一些走投无路的江湖浪子，为了混口饭吃，也假作剃发，明面上皈依佛门，实际上干些偷鸡摸狗的勾当。由此僧俗混杂，寺风日下。住持愤而他投，这管家则干脆假意落发，当了住持，拉拢主子。这主子看在寺里年年送来可观的香火钱的份上，对寺僧的种种不检行为也就睁只眼闭只眼了。府县之间的管事衙门，则因为这家大户余威尚在，加之也并没有牵扯出大的官司，索性也就听之任之了。

“东坡先生与报恩院二僧交往的雅事仿佛还在昨日传颂，今天就被这般恶僧糟蹋成这样。真是可惜了那上佳的山水草木啊！”周木愤愤道。

“周大人所言正是，那万松岭历来是景色佳胜之地，岂能容得这般藏污纳秽！”书吏附和道，“只是，牵涉这家大户利益，实在难办！”

“到底是哪家？就算他是朱家子弟、皇亲国戚，也不该这样败坏风教。”

书吏附在周木耳边，小声说出了那家大户主人的名字。周木恍然大悟之余，还是恨声道：“这老虎的屁股，我还真是摸定了。”

复制白鹿洞书院[1]学规

周木说自己“敢摸老虎屁股”，不是因为他胆子有多大，是因为他觉得作为儒臣，在敦风化俗这个问题上，肩负着很大的担子。

为官之初，周木就敢于向皇帝建议，改变祭祖日上朝的祖制。这件事，乃起因于皇帝为明懿祖朱四九迁庙祭祀一事(朱四九，朱元璋曾祖父，陵墓在盱眙的明祖陵)。他的理由是：祭以肃静为本，今祭祖与视朝时刻相连，前礼甫毕，后礼继行，肃静之心未免倦怠。所以他恳求皇帝同意他的建议，祭祖日不上朝：“伏乞特降纶音免朝，庶乎君臣上下精一其心，以供祀事。”

周木的建议合情合理，遵循礼法，皇家没有不遵从的道理。现在，他要摸老虎的屁股，也是基于这样合情合理以及遵循礼法的考虑，想来，这样致仕退隐的大家，也没有刁难他的道理。所以，和书吏在书房里谈毕，他就有了大体的思路：不迂回，不绕路，直捣黄龙。

去这位退休京官府上之前，周木先去拜会了浙江提学官。一落座，他就开门见山：“大人可知报恩寺藏污纳秽等情事？”

①白鹿洞书院：在今江西省九江市境内，位于庐山五老峰南麓后屏山下。南唐升元年间（937—942），白鹿洞正式辟为学馆，后扩为书院，为“中国四大书院”之一。

“风闻已久，只是不知详情。此事不属周大人该管，何必如此上心？”提学大人问道。

“有违礼教，皆是该管。再者，你我皆读书人，岂能看得下此等秽行。”他将书吏访查的情况一一作了介绍，末了，请提学大人随他一道登门拜访。

“周大人可知此公后台，可是直通内阁的。”提学大人提醒道。

“直通圣上又如何？难不成你提学大人就这么怕权贵？再者，你可知我来找你的本意？”周木佯装生气道。

“实不知周大人本意。”提学大人道。

“我已计虑成熟，报恩寺山水佳胜，正是读书兴学的上上之选，况有东坡旧迹，不该湮沦。你我二人联手，逐出寺僧，兴建书院，岂不是功德一件？”

提学大人抚须有顷，继而点头赞许：“周大人此议甚佳，老夫如醍醐灌顶。你我同去，公义在心，料他也不便推阻。如此，老夫就陪你走一走。”

改日，两人就坐两乘小轿，轻车简从，往那退休京官家中而去。

寒暄毕，周木开门见山说明来意。礼数后面，是几大衙门计划联合行动的善告。县官不如现管，这位致仕在家的大人虽则尚有内阁的通天关系，但到底自家管理有亏，又见周木与提学联袂而来，大有不达目的不罢休之势，索性借坡下驴，玉成此事，当即回应道：“报恩寺之事，积弊已久，某疏于管教，有责在先。撤管还寺，某计议已久，只是忙于杂务，一再延宕。今大人既有兴学之想，正是千秋万代之计，某没有不支持之理。”

如此爽快的回应，倒实在出乎周木和提学大人的意料之外，两人连连拱手致意，感谢这位大人的这番举动。话音未落，这位大人又说了几句令他们更为喜出望外的话语：“逐僧出寺，且由某家办理。某家在寺院附近，尚有山水林田不少，愿捐为学田，以助兴学。”

惊喜来得太过突然，周木和提学大人心下感叹：这“黄龙府”还真是来对了。

“只是，这书院该取何名，不知二位大人是否已有思虑？报恩之名，万万不可再用了！”

“大人可有建议？”周木索性将这个赐名的机会交还这位大人，算是对他深明大义让出寺产、捐赠学田的回报。

“昔醉吟先生（白居易）刺史杭州，有‘万株松树青山上，十里沙堤明月中’之句，不如就以‘万松’名之，两位大人以为如何？”

“万松书院！好，太好了。万松既是实景，也喻示将来书院培育的万千儒生，实在是寄托了老大人的深意啊。”

在报恩寺僧被逐出寺院的同时，周木和提学大人紧锣密鼓地筹划“万松书院”创建事宜。土建、规制、章程，包括聘请山长等一应事务，皆属新办，自当一一起头，有序推进。难的是经费筹措，周木自己居官清廉，积蓄无多，和内人商量之后，也将多年积蓄捐出来，以作劝募杭州地方士绅捐资助学的表率。兴学是提学大人份内

上：万松书院牌坊　下：万松书院石刻

职责，他见周木如此积极，也不落人后，捐出了超越周木数目的助学款，以表明心迹。

有了两位大人的垂范，杭州城的士绅阶层自然捐资的捐资，出力的出力。不到两年，书院的主体建筑即告完工。依托报恩寺基础的孔圣人殿规模宏大，气魄森严，那是书院的祭祀场所。颜乐亭、留月台、掬湖台、万松门、明道堂这些建筑以及读书的斋室也次第落成。山长、教授先后到位，童生、监生、举人三类生徒的招收计划也随之展开。公示当日，杭州城的士子们或驱车驾马，或步行来观，成为一城盛事。

在学规的设置上，周木也有他自己的考虑。他倾向于援用宋儒朱熹订立的《白鹿洞书院揭示》，凡五教之目、为学之序以及修身、处事、接物之要，皆早已申明，成为兴学之圭臬。这种援用，非为偷懒，实是他对朱熹理学思想的认同。周木是赐同进士出身，属科举制度下的幸运儿，但为学一途，不仅在于谋得科举之名，实在是修己达人、修身养性的根底。儒生们如果将科举作为读书的唯一目标，则不免得小失大、舍本逐末。他与提学大人说了自己的这个想法，提学大人自然大赞，但又反问他：假如你不是赐同进士出身，你当也十分在乎科举之名吧？

这样的反问，自然不是要周木的难堪，实在也是提学大人深知儒生们的想法：不为应科举的，到底还是少数。好在他们在兴学上的想法一致，既是地方兴学，在教学和管理上自当有些自主权，不必一味应付科举，教学方式和教学重点围绕儒家“四书”等经史著述。难得的是，书院还要儒生们吸取原来报恩寺恶僧行为不检的教训，加强自身的修养，注意“迁善改过”。在周木看来，能否晋举或者入仕为官，对于一个读书人固然重要，可连基本的德行都有亏的话，这个人就失去立身之本了。

书院揭幕当日，周木和提学大人带着山长、一众教授和儒生在孔圣人殿祭祀。他看到殿中魏然屹立的孔子像、四配像及十哲木主（即神位），突然一激灵，仿佛看到圣人在面对他微微颔首。

在衢州南宗孔子五十八代孙孔衢、孔积两兄弟主持祭祀的间隙，周木拉上提学大人，行到万松岭至高处。此时，雷峰塔在望，苏堤与白堤隐隐可见，西湖山水让两人开襟荡怀，松风阵阵让两人意绪飘飞。

“周大人，此情此景，当有一首诗以纪之吧？”提学大人感叹道。

“不敢专美，诗还是留待欣赏提学大人的吧，某有一句，可壮心怀：万劳须推兴学，百忧还待看湖。今后但有烦忧，尽可邀来此处看湖。哈哈哈哈哈。”

周木的笑声消散在松涛声中，那是一个快乐而自信的人在杭州发出的最动听的笑声。

王守仁的虎跑寺往事

在周木驱逐僧人、改建万松书院的1498年，27岁的青年王守仁正在京城里苦读朱熹的《四书集注》，并立下了探究理学的宏远之志。在老家余姚时，理学大儒一斋先生[①]指导亲授“格物致知”之学，守仁便从此生了些痴呆之气，见竹子就“格”竹子，见游鱼便“格”游鱼，旬日之中，只是静观默思，走火入魔一般。最后终究也没“格”出什么知识和道理来，反生出咳嗽不止的病，让家人颇是忧虑。但这段经历也让他系统阅读和理解了朱熹的理学大端，坚信“圣人必可学而至”，圣贤之学成了守仁的追求。这期间，他与道中人的过从，皆是为着求圣心思中遇到的困惑和难题，期望得到他们的开释。

守仁这时候大约不会知道，他会和这个书院发生那么深刻而影响深远的关系，尤其是他中年后一力倡导的阳明心学，会风行于杭州城，成为儒生们宗之仰之的大学问。余姚和杭州不远，水路慢行，两日可达。他对杭州的向往很早就产生，初游西湖的记忆尚深刻，在于谦祠里他还写了两副楹联，其中之一是：赤手挽银河，公自大名垂宇宙；青山埋白骨，我来何处吊英贤。这种情感，有才气托底，便显现出少年的真挚和浓烈。

① 一斋先生：娄谅（1422—1491），字克贞，别号一斋，江西广信上饶（今江西上饶）人，明代著名理学家。

另一联略长一些，颇经了一番推敲，但对于谦的敬仰之情却是一致的。那时候，守仁觉得自己的才气如汩汩清泉，奔放流溢；也如万人难挡的上将，冲锋杀伐，势如破竹。所以，那联语里，虽是痛悼，也有金戈交鸣的豪雄之气：千古痛钱塘，并楚国孤臣，白马江边，怒卷千堆雪浪；两朝冤少保，同岳家父子，夕阳亭里，伤心两地风波。

这一年的潜心修学很快就得到了回报。转年春闱会试，守仁“顺利地”考中第二名，前番两次会试不第的阴翳一扫而空。殿试二甲第六，似乎也在情理之中。照理，进入仕途之后，他需要放下格物和求佛问道的“执迷”，专于入世经营，以期官场赏识，步步高升。但他做学问的本意并不是只在得功名、进仕途，面对那么多的疑惑不解，他是不肯停下来的。所以，即便是在奉公到直隶、淮安等地出差的过程中，他也不忘带着问题出入佛寺道观，和释道两家的人交往证法。这般“执迷”，让他“沉疴”再起，且有些加重的意思。不得已，他只有告假归家，说是养病，其实是关起门来证悟。

守仁在会稽山找了个得天地灵气的地方，拾掇一番之后，取名“阳明洞天”，自号“阳明子”，终日静坐行导引术。乡里人称他“阳明先生”，恭敬中也有不少调侃，觉得他放着好好的官不做，关在山洞里静坐，实在难以理解。有些声气相投的儒生，知道守仁所为，乃是非常人能理解的证悟之法，高级而神秘，显然不可与常人道之，只是出来帮他作些说明。此举反倒添了乡里人的疑问，他们只是略带嘲讽地反问：静坐能坐出银子来？

虽然没坐出银子，守仁自己知道，这般疯魔地证悟，就快接近澄明的境界。朱熹的理学大义，和他寄望于佛道两家的互证，竟然越来越呈现出泾渭之别。他隐隐感觉，是自己理解的佛道两家的理论有问题。作为儒生的代表，他迫切需要在这一场证悟里找到问题的根源所在。他知道，他的病，非是生理上的，而是来自于心理。心病需要心药医治。所以，阳明洞出来后，他谢绝了家人吃药调理的建议，只是说：关得久了，想去杭州城里散散心。

夫人诸氏欣然，于是喜不自禁地做计划、定客栈。散心的路线，就是沿着西湖边的那些古寺名刹，按日行进。停留时间自然也是随性的，不拘长短。兴起而来，兴阑而散，守仁走，夫人就走，守仁不走，夫人就自己随处散散心。看似信马由缰，却也有牵着走的意味。这是夫人的让步，却也是成全，有时候也是种善意的提醒。夫人不知道守仁要什么，但从他的眼神和心情里，大体可以看出，这仍然是守仁所谓的“格物”。

这样的场景，对于夫人来讲，已是习见。前岁随守仁游九华山，她就见守仁一路访仙问道。无相寺、化成寺，一处处走来，所答问皆不能让守仁满意。后来听人介绍，说地藏洞有一位高人，坐卧松毛，从不火食。因其地险峻，守仁并未让夫人随同拜访，只是回来给她讲述了拜访的过程。守仁去时，那位高人正在午睡，守仁像个顽皮的孩子，伸手去他脚上挠痒痒。高人醒来，问守仁：“这么险峻偏僻的地方，你是如何找来的？”守仁答道：“光明指引，何处不达？”高人见他答得甚有机趣，便问所来何事？守仁说：“欲问圣人之道。”高人对他端详良久，又问：“圣人如何？”守仁回：“圣人济苍生。”高人问：“汝从何来？”守仁一下犯了难，自己从哪里来呢？京师？余姚？似是而非，高人对他的籍贯和行旅应该不感兴趣的吧？于是守仁便似答非答地回了个：“从疑处来。”

高人略凝结的脸色舒展开来，继续轻声问道：“汝有何疑？”

守仁便将自己慕习圣人之学的志业和格物问道以来的疑问和盘托出，末了又补充了一句：“欲成圣学，儒释道三家，哪家最是上乘？”

高人并没有直接回答他这个问题，只是对他说：“周濂溪（周敦颐）、程明道（程颢）是儒家两个好秀才。”此后，无论守仁如何问，他都不再开口，只是闭目养神。守仁知道自己该走了，于是鞠躬施礼辞出。

见到夫人，王守仁将这番对白转述一通后，便亟不可待地参详高人最后那句话的旨意所在。周程二公，是儒家两个好秀才，不就说明，欲成圣人之学，最上乘者在儒家吗？只是，缘何没有提及朱熹呢？又缘何不提及程颐呢？看来，他是信奉大程先生思想的。如此，守仁便继续去地藏洞找那高人。

守仁再到地藏洞，哪里还有高人的身影，问周边人是否有见，大家都纷纷说不曾见得。守仁回头讲给夫人听，叹息道：“会心人远，不知是否还能再见面。”

这一日，守仁随夫人来到虎跑寺。见到执事僧，守仁便问寺中高僧何在。执事僧见他少年夫妻同行，许是俗人求子，便生搪塞之念，只说方丈不在，别寺自有高僧。守仁不肯罢休，便四处问香客。好不容易得人指点：寺里确有一个高僧，坐关三年，从未说过一句话，也一直未开眼看人。守仁一面按那人的指引寻去，一面思索那地藏洞高人的话：“周濂溪、程明道是儒家两个好秀才。”如此品味再三，他忽然醍醐灌顶一般明白了这句话的深意。

乍见那坐关的高僧，他便高声喝问道：“这和尚终日口巴巴说什么！终日眼睁睁看什么！”夫人吓了一跳，不明白他为何这般无礼。却见那僧人惊讶地站起来，问他缘何这般讲。守仁用那高人的语气问：汝家哪里？那和尚只答：老家尚有老母在。守仁继续问：你想她吗？那僧人便有些动容，情不自禁地道：哪里会不想呢！守仁便耐心开释道：想念父母、爱护亲人是人的本性，不必为佛家所谓“出家即是舍家”的教条所影响，想念她就该去看她，陪在她身边，尽人子之孝。何况你这样三年坐关，不语不视，强忍着自己爱亲的本性，也并不能得道啊，何不顺应自己的本性，去尽人子之孝呢！一番话，说得那和尚眼泪都下来了，谢过守仁之后，便回房收拾行李。

第二天，守仁随夫人再去寺里，才知道那僧人已回去看望他的母亲了。夫人喜道：“恭喜相公成就一功德。”

虎跑

守仁却又现忧容。夫人问：“怎地又如此烦愁了？”守仁道：“佛道如此，圣人之学端的在儒家了。只是，须得怎样，才能喝破如此众多执迷之人？”

喃喃自语中，一个僧人低头快速从他身边走过。在他身后，传来一句话：“龙场一悟安天下，万松岭上破执迷。”像是对他自语的回答，又像是自说自话。守仁随夫人出得寺来，恍兮惚兮，不明白那两句话究竟是什么意思。再一回想，方才醒觉：适才擦肩而过的那个僧人，不正是九华山地藏洞见过的那个高人吗？急急返回寺里来寻，哪里还有这高人的影子。

不得不然与不可不然

又到杭州，是明正德十四年(1519)。守仁在杭州养病。

这一年，守仁已是年近五旬的人，虽然立下了不少战功，升任都察院右副都御史，仕途可谓一帆风顺，但他并没有功成名就的沾沾自喜，他知道，弘扬圣学的平生理想一天不实现，就谈不上成功。上一年，他最喜欢的学生徐爱[①]去世，颇让他伤心。徐爱追随自己较早，也最得他心学衣钵，大器晚成，将来传衍可望，可惜英年早逝，他为之恸哭几回，这种切肤之痛，不是他这样深爱弟子的老师，是体会不到的。是故，这样的病，一方面是生理上的痼疾，一方面也是心理上积郁太重所致。

这一日，守仁信步涌金门外，突见一处并不高大的门楼，上书“两峰书院”。题匾者，是本朝致仕回籍的前任刑部尚书洪钟[②]。此人生平，他早有耳闻，只是并未结识。说起来，洪氏自南宋末起，就是钱塘望族。始祖洪皓任南宋礼部尚书时，出使金国被扣十五年之久，不屈于金，全节而归，世人称许他有苏武之气。高宗感于他的忠贞，特封魏国公，并在西湖边之葛岭赐建国公府。洪氏一族煌煌赫赫，瓜瓞绵延。到了洪钟这一辈，又以累累军功，进太子太保，钱塘洪家愈发显赫。

①徐爱（1487—1518）：字曰仁，号横山，浙江余姚人，明代哲学家。

②洪钟（？—1523）：字宣之，号两峰居士，杭州人，晚年在西溪故地建别业，世称洪钟别业。

明正德七年（1512），洪钟以老迈告老还乡，择址涌金门外建两峰书院，自号“两峰先生”，亲自编写讲义，教授洪氏子女。两峰书院遂作为洪氏私学而在杭州传名。

门房将守仁名号上报不久，就有一位青年男子疾步而出。守仁见他举止有度，英迈刚毅，心知不是一般人物。男子躬身，自报名号道：“晚生洪澄，家父已在书院正堂迎候先生。”

洪澄是洪钟的长子，字子静，正德五年（1510）举人。此际为父亲代理主持书院日常教学事宜。他将守仁引自书院会讲所，即恭立父亲身后，一面暗暗打量这位已经声名显赫的大儒，一面听父亲寒暄叙旧。原来洪钟与守仁的父亲王华同朝为官，算得旧识，洪钟的言谈之中对王门甚是推许，尤其对守仁讨叛征逆的社稷之功特为称道，誉为不世之勋。

一个前右副都御史，一个现右副都御史，两个人都以军功而立世，却以光大圣学为目标。他们在杭州的相遇以及接下来的论道，岂非天意安排？

“以洪某拙眼，先生虽以武功立勋，但终以文治表世。龙场悟道，震撼学林。继而‘文明书院’所倡‘知行合一’大义，实是我朝以来未闻之儒学高论，假以时日，必成理学名言。不图今日尚有登门之喜，早间屡闻喜鹊绕院，想来正是先生要来的前报。”

这是主人的话，虽然有客套，却也洋溢着倾慕、赏识和以论相交的真诚。

守仁自然不免自谦一番。他对洪钟所谓“文治表世”

的推断，快慰之中也不免讶异，他自认比起那些不得不迎面而上的征讨来，更愿意静心于问道讲学，于是问道："宣公以为立功立言，儒生当作何选？"

这是客人的话，反问之中颇见锋利。

"事有不得不然，亦有不可不然。老夫前半生经略军务，是为不得不然；归隐林下后，兴办两峰书院，则为不可不然。立功立言，如此选，或是一折中门径。"

守仁心下一震，为这不得不然与不可不然。自己四处征讨，忙于军务，实在是和他一样，是不得不然。朝廷大局、时势需要，这都是不得不然。但既然有心圣学，则是不可不然，绝不能借故延宕或者放弃。洪钟虽老，尚能教谕，以老迈之力来实践这"不可不然"，实在让人敬佩。两峰书院之设，正是他"不可不然"的人生理想，将来自己光大圣学，或可倚重。只是，他家大张洪氏家学，只收洪氏子弟，不也过于偏私了么？杭州城的读书人不能沾此福泽，实在是可惜了。于是又问道："宣公建两峰，于洪氏私学固然有大益处，只是奈何将这杭州城的寒门士子，拒之门外，难道这也是'不得不然'之举？"

这一番问话，实在有些咄咄逼人了。洪澄站在一旁，也觉得客人虽是重臣名儒，这样"逼问"未免有些唐突。但他见父亲捋须颔首，并未发恼，反是频频点头，脸有赞许之色，也就宽下心来。

洪钟却不回答，讲起先祖洪有恒"触讳"改名的旧事。这段历史，洪澄是知道的，它作为家族史中的一个大事件，洪氏子弟自小就牢记在心。此刻他却不明白，父亲讲这段家族旧史的命意何在？

西溪洪氏宗祠

洪氏自洪皓之后，一直继替不衰。传到明初洪武昌这一脉，仍以读书报国为宗族之训。太祖朱元璋立国建元，用“洪武”年号，洪武昌因此被人告发“触讳”，押至南京。朱元璋亲自召见洪武昌，问他这个名字的由来。武昌答曰：“以武昌盛天下。”朱元璋听了这个起名的理由之后，非但没有为他触讳而生气，反而为这个名字中对帝国隐含的吉兆而龙颜大悦，当即亲自为其改名为“洪有恒”，并授予其国子监丞的官职。洪有恒坚辞不就，回到杭州，归隐于西溪，潜心理学，教授洪氏子弟。“先祖改名，此为不得不然；归隐教学，此为不可不然。既非官学，则首在不触讳、不犯忌，以得保全，此也为不得不然；保全之中，也有圣人之学，此也是不可不然。”洪钟的回答再明白不过，两峰书院的宗旨，是教授洪氏以武昌国的家族渊源之学，再兼以明伦的圣人之学。所以，不是官学的私家书院，自然没有广开院门、广收弟子的义务。这是他们家族不得已的选择，明哲全身，这是他们的书院兴学的原则。

但守仁还是坚持自己的观点。山有两峰，这是自然之道；而学有“两峰”，则是圣人之道。假如人人都为明哲保身而只注重仕进功利之学，或者只关心自己家族子弟的升迁进退而没有兼顾天下读书人，那么，圣人之学就像一个瞎一只眼和跛一只脚的人，是不健全不完善的人。他看重的“两峰”，应该是文武得兼、公私兼顾的。

洪钟继续言说他的不得不然。得益于先祖的功绩，洪氏后人中出了不少于国于家甚为重要的政治人物，他们继承了先祖优良的从政传统，这种传统成为洪氏家族传之后世的“独家秘笈”，很难为外人所系统讲授。另外，从文化建树方面来衡量，即便是洪家子弟，也很难全部继承这种良好的文教基因。就以洪皓的三个儿子为例，洪适、洪遵、洪迈在洪皓的八个儿子中最为著名，合称“三洪学士”。三人先后中博学宏词科，有“三洪文章满天下”“天下三洪，文章之雄”之誉，又有“父亲子伯以

《十八学士图》中二学士读书的场景，从中可以一窥当时文人士大夫间浓厚的文学风气，这亦是书院长久以来的教化之功

文裳相揖，屹为一代礼乐宗主”之说。另外的五个儿子，则“泯然众人矣”。私家之学尚且做不到培养全才，即便是有心办成官学，这样的全才培养理想恐怕也是很难实现的。所以，与其耗费许多精力在公学上，不如全心于“私家秘籍”的私学，这样，庶几能让家族子弟成才的比例获致最高，而不会因广开书院之门、生徒仕进不理想招来物议。

守仁自此明白两峰书院的缺陷所在。历年观察下来，他发现这样的家族私学在杭州城所占比例非小。要他们打开大门，关键还是在如何破执。以洪钟这样的簪缨世族、归隐先贤尚且做不到，其余中下资之人倡建的书院就更难有这样开放的心态了。守仁觉得自己有责任让洪钟改变学规，于是也就将自己这些年“不得不”四处征讨以及“不可不”光大圣学的理想和盘托出，其中也阐发了自己对两峰书院广开大门，使杭州城儒生皆能有地方读书、问道的寄望。他最后更赤诚表白，说出了“王某不才，愿得书院一席之教”这样的话。

洪钟对这样赤诚的表白是感动的，站立一侧的洪澄也因守仁此番话感动不已。“朋旧徜徉，诗酒相娱”这样的归隐生活固然可乐，但确实太过于私人化了。作为继续擎起洪氏家学大旗的继承人，洪澄必须对这样的私人化教学进行有效的改良。此时，经过守仁的点化，他已经明白了改良的方向所在，就是守仁所谓的“两峰”妙喻：一“峰”在公，一“峰”于私，“公私”融合而兼顾。要让“两峰”名副其实，当务之急，就是要延招非洪氏族裔的杭州普通学生了。

一念及此，他不待父亲回话，就朗声答道：“先生之教甚是，家父也曾议过此事。书院现为晚生代理，自当梳理章程，订正学规，广收杭州子弟。”

洪钟点头赞许，接着又补充道："择优选录家贫但好学的子弟，充实书院，教授圣人之学。待录用完毕，先生可否来教？"

守仁自是没有不允之理。当下议定，一待首批寒门子弟就教，守仁就来讲授格致之学，既培养有心报国的读书人，又在其中发现有志于心学的传人。如此往还，两峰书院便渐渐有了公学的气象。十余年间，杭州城进书院就学的儒生竟先后达数百人之多，而守仁与洪家的关系，也借两峰书院日益增进。

明嘉靖二年（1523），守仁收到洪澄的驰告，洪钟不疾而逝。守仁伤怀之余，倾情为洪钟作《墓志铭》。在文中，他赞扬洪钟"嶷人杰"，在建两峰书院并招录杭州城寒门子弟就学方面功德昭然："西湖之湄，徉徉于于。圣化维新，聿怀旧臣。"

洪澄日后果成大器，任内阁中书舍人、翰林院待制，后遭人排挤，离开父亲洪钟所建的洪园，到杭州孤山另筑别业，而两峰书院也在洪澄孤山安家后沦败，不再招录儒生。曾经在杭州城享誉一时的两峰书院，自此只能在一些文献中看出曾经的繁华风流。

王守仁在万松书院“以记为讲”

明嘉靖四年(1525),54岁的守仁丁父忧在山阴守制。一天，他突然收到弟子、时任监察御史潘仿①的来信，希望他到杭州万松书院讲学，并为新拓建的万松书院题记。

读罢来信，守仁陷入了对杭州山水人事的回忆之中。他一直觉得，从见到那位高人开始，他就和杭州结下了不解之缘。“予有西湖梦，西湖亦梦予”，这番梦魂交付，不特山水景致缠绵，更多的，在于这一城一湖给予他平生事功的莫大启发。

被贬贵州龙场驿担任驿丞后，他才明白高人首句中的“龙场”其实是一个地名。而在龙岗山那个“阳明洞天”里的端居澄默，让他终于悟出了“心即理”之说。然而，这一悟，何以能安天下？他是忐忑的，也是不确定的，他不知道，这些学说是否能得到世人的正确认知。

走出阳明洞天，他更加深刻地明白了一个道理：只有讲学，才能使学说有益于世，有益于人。他进而意识到，这一番证悟非同寻常。那位高人在杭州窥见天机，又给予了指引。此后，守仁便对杭州有了超乎寻常的措意，他多次借养病居停杭州，奉公旅次杭州时也往往直奔诸

①潘仿：生卒年不详，河南洛阳人，任监察御史，巡按浙江，在任上主持修建了万松书院。

寺而去，名义上是闲游，实际是期望与高人再晤，当面讨教更多问题。但守仁要寻的人无名无号，面貌特征也并不特出，这样的寻访何尝不是大海捞针。

数次寻访，却也并非毫无收获，湖山览胜之外，他有目的地接触了很多杭州城的读书人，既有俊逸人才，也有普通儒生，更有各级学官，顺带着，他也去了杭州城的很多学府与书院，万松书院自然是其中之一，高人后一句“万松岭上破执迷”当是指此。而这杭州城，身处江南水陆辐辏的中心，确乎是学说播衍迁流的绝佳所在。明确了这一点，他就决定：以杭州城为中心，以万松书院为阵地，阐释发挥“心即理”“致良知”和“知行合一”这几个核心学说，让更多人理解接受并有所受益。

只是，让守仁没有料到的是，这样的志业，总是被连绵不歇的兵事所迁延。身负国恩，朝廷信任，守仁对这样的兵事自然不能推脱。从另一个角度来讲，平叛治乱也是圣人入世方法之一种，与学说同臻圣境，守仁有舍我其谁的自信和君子担当，所以，赴万松书院讲学破执的事，就不得不一拖再拖。潘仿相准时机，写来这封信后，守仁知道，是到了他还愿的时候了。

但守仁并未回信表示择日就到，他对这一次万松书院的讲学突然有了新的思虑。破执迷，一次讲学是否可以达成，他表示怀疑。核心，乃在于让儒生们反复理解他的学说精义，而这些学说精义以碑刻的形式存在，不仅可以达到反复讲学之目的，还能传之后世，影响久远。此种不散之讲学，较之一二时辰的唇舌布道，或许正是高人所指破执的极高明法。

思虑及此，守仁就决定以拟写的《万松书院记》为讲纲，为万松书院、杭州城以及未来的儒生们，讲明他

万松书院中的牌坊和泮池

的学说精要。

在开篇，守仁补叙了万松书院的几次兴废历史。这些历史，在他多次访问万松书院时已了然于心，所以提笔写来，如他自己亲历，倍增亲切：

> 万松书院在浙省南门外，当湖山之间。弘治初，参政周君近仁因废寺之址而改为之，庙貌规制略如学宫，延孔氏之裔以奉祀事。近年以来，有司相继缉理，地益以胜，然亦止为游观之所，而讲诵之道未备也。[1]

万汝信时为浙江提学副使，亦在守仁门下，学官兼弟子之责，使万松书院从“讲诵之道未备”而至“收一省之贤”，中间自然不能缺少守仁作为圣人的教化之功。

接下来，守仁阐述了他的书院观。他认为，在名区胜地设立书院，目的正是补郡邑庙学之不足。

然则书院价值何在？乃在于明人伦。儒生们不应只

①语出王阳明《万松书院记》，《王阳明全集》卷七《文录四》。

着眼于科举这个单纯的功利心，而应着眼于明人伦这个根本。为此，守仁以自己熟悉的兵事为例，阐明明人伦的要义。他要儒生们明白，也要为师者明白，教育原则正在“人心惟危，道心惟微，惟精惟一，允执厥中”四句话中，而教育内容正是“父子有亲，君臣有义，夫妇有别，长幼有序，朋友有信”这样的圣人先哲之教。“唐、虞三代之世，教者惟以此为教，而学者惟以此为学。当是之时，人无异见，家无异习，安此者谓之圣，勉此者谓之贤。”这是圣贤教育的发端，也是大同世界的肇始。

在这篇记中，他一言以概之，“明伦之外无学也”。他所倡导的书院教育，是以道德人格养成为本，提倡有教无类，因材施教，使“大以成大，小以成小”，不求知识才能的高低，只求每个人的人心“纯乎天理”，在道德人格上追求最高的理想目标即“大人”，“大人者，以天地万物为一体者也，其视天下犹一家，中国犹一人焉”。

守仁亲笔写就的《万松书院记》到万汝信和潘仿手上时，两人为老师宏妙精微的书院观深深折服，一致认为“明伦成圣”的高论当传之后世。书院儒生日后面碑日夕背诵，体会其中“成圣”与“成德”的关系。儒生们学余也常就此展开辩论，辩论到最后，大家还是一致认为，没有“成德”这个前提，是不能“成圣”的，所以一个人的道德品行最为重要。守仁在 16 世纪初即强调德育为先，提倡学生的道德素质教育，他的教育眼光无疑是超前的。自然，万松书院的掌教者们，也在此后将德育放在书院教育最为重要的地位。

守仁此番以记为讲，强调“明伦成圣”，无疑借万松书院的拓建记事，为天下书院的教育提供了一个伟大的标准。这是守仁得之于高人的启发，也是他对杭州城的回馈。他想着，终有一天，自己结束了戎马倥偬的治乱平叛生涯之后，定要郑重其事地再到万松书院来，将自己毕生的所思、所成、所望为天下儒生们和盘托出。

只是，让人心痛和遗憾的是，直到守仁去世，他再也没有机会到万松书院讲学了。明世宗嘉靖八年（1529），守仁病逝于江西南安府大庾县青龙铺码头舟上。门人周积等守护在侧，守仁留下了“此心光明，亦复何言”的临终遗言。

然而，守仁还是有未尽的憾事，只是他来不及说出。而他的弟子们，则从他的文字里，完成了他的遗愿。

留在杭州记忆里的天真书院

门人周积万万没想到，他竟能有这样非凡的“机缘”为老师送终。他只道是一次平常的谒见，能得老师开示一二，即是莫大的福分。

在途中细推谒见应答细节时，他已将老师此番平乱的前后事功做了细细的回放。以学问宗师的身份而立至伟战功，学生的景仰和歌颂怎么表达都不为过。

他甚至悟出老师抗命回师行的正是“人伦之常”的无言之教。庙堂之上的大学士桂萼大约是不会懂得他的，所以下了进军安南（今越南）的命令。而老师要的，只是告病回家这个人伦之常。

周积没想到老师的病已入膏肓，所以面对老师的离去，开始是一阵茫然失措和手忙脚乱。稍稍稳定方寸后，方才驰书同门，报告这一悲伤的消息。

无论如何，老师匡扶圣学的人生任务到此就算完成了，作为门人，该一起商量怎么接过心学的大旗。王大用①、刘邦采②、汪铉③等，或早有准备，或迎祭于道。灵柩过南昌、弋阳，直至二月，归于吴越故里。是年十一月，

①王大用（1479—1553）：字时行，福建莆田人。

②刘邦采：生卒年不详，字君亮，江西吉安人，明朝理学家、教育家。

③汪铉（1466—1536）：字宣之，江西婺源人。

葬先师于洪溪。

一切停当，周积才和同门深谈继承老师心学大旗的事业。

黄绾[1]说："老师早有遗言：'无他所念，平生学问方见得分数，未能与吾党共成之，为可恨耳。'如何成？窃以为还是在开书院、讲心学。"

薛侃[2]讲起往岁随老师游历杭州时的一段见闻，以此窥得老师之遗愿。

那是正德二年（1507）夏天的事。

早在那年二月，生性秉直、不畏权奸的守仁就因为援救南京户科给事中戴铣[3]而开罪宦官刘瑾，挨了四十板子后，被贬谪贵州龙场驿。

路经杭州，他计划携一众弟子作名山胜水之游。天真山，即在学生们的计划之列。

最后，因戴罪在身，加之刘瑾追杀甚急，守仁不得不改变行程。虽然最终得以安全脱身，但未上天真山，到底成了一件憾事。

对天真山之奇景妙观，守仁是有想象的。

这美好的想象，源于一众弟子的交口盛赞，他甚至在意识里规划过于天真山聚徒讲学的场景。

"如是，我们当为老师完成这一心愿。"讲完这段经历，薛侃道。

①黄绾（1477—1551）：字宗贤，浙江温岭人。

②薛侃（1486—1546）：字尚谦，广东潮州人。

③戴铣（1464—1506）：字宝之，江西婺源人。

天真山在湖海之交，上多奇岩古洞，钱德洪[①]向老师推荐这里时，是有相当充足的筹划的，他明白此处风月佳构，正契老师素望。为摆脱刘瑾的追杀，守仁不得不临时放弃游览天真山的计划，后来在寄给学生的两首诗里却能见其肺腑，其中两句，钱德洪念念不忘：“天真泉石秀，新有鹿门期。”“文明原有象，卜筑岂无缘。”“老师坚信，一定会有他年筑室天真山的缘分。如今，即便老师肉体消亡，但灵魂不灭，就让这青山绿水，成为老师不灭灵魂的归隐地吧。”

“庄子有言：‘真者，所以受于天也，自然不可易也。故圣人法天贵真，不拘于俗。’老师中岁以后，颇注意对道家思想的融摄，阐释良知学说，每有道家术语。山名天真，正是老师融铸儒道两家之本义，此其一；先生临终所言‘此心光明’，要在理解何为‘光明’，窃以为，‘光明’即‘天真’之别解，此其二。有此两端，此书院实已有老师生前赐名，正所谓‘天真精舍’是也！”薛侃人如其言，此番侃侃而谈，让一众同门信服不已，当即议定书院取名“天真精舍”，以祭祀老师、传承圣学为大业。

这番计议很快得到了一众同门的认同，大家为完成老师遗愿而备感安慰，也为同门之间有了长久的聚会之所而欣喜。诸同门大多已入仕途，一呼百应，推进迅速；即便有少数不在朝为官，也是名家望族，影响地方。由此，筹措建造天真书院的经费便得到了保障。弟子们各自领责分工，很快，一个可同时招收一百多学生的天真书院就建起来了。

薛侃当仁不让，就建造天真书院的过程及书院规制作文记之，并勒石而铭。通过这篇《勒石文》，大体可以想象天真精舍初建时的规制：

①钱德洪（1496—1574）：名宽，浙江余姚人，明朝思想家、教育家。

中为祠堂，后为文明阁，为载书室，右为望海亭，左为嘉会堂，左前为游艺所、传经楼，右为明德堂，为日新馆，余为斋舍。周以石垣，界则东止净明、西界天龙、北暨天真、南抵龟田路。

中间的祠堂，自然是祭祀先师王守仁的地方，是整个精舍的中心所在，由此也明确了天真精舍以祭祀为主的性质。二十四年后，门人欧阳德选址天真精舍上院，修建“仰止祠”，专祀先师王守仁，此后，春秋两祭，“四方同志如期陈礼仪，悬钟磬，歌诗，侑食。祭毕，讲会终月”。祭祀之后，是连续一个月的会讲，四方同志参加祭祀和听讲，成为天真精舍数十年间弦歌不辍的盛大景象。

守仁应该是欣慰的。

而杭州城的儒生们，更对这个生于越城而遗爱杭州的大儒充满无尽的感激。所以，上至来浙任职的官员，下到普通的本地儒生，对天真书院的增建和讲学都非常重视。据邹守益的《天真书院改建仰止祠记》所载：

岁丁巳（嘉靖三十六年，公元1557年），总制胡公平海夷而归，思敷文教，以戢武事，命同门杭二守、唐尧臣重刻先师《文录》《传习录》于书院，以嘉惠诸生。增修祠宇，加丹垩，搜泉石之胜，辟“凝霞”“玄明”二洞，梯上真，穴蟾窟，径三峡，采十真，以临四眺；湘烟越峤，纵足万状，穹岛怒涛，坐收樽俎之间。四方游者愕然，以为造物千年所秘也。文明有象，先师尝咏之，而一旦尽发于郡公，鬼神其听之矣。

这是杭州儒生们追思守仁的高潮。

由是，天真山上，湖海之中，萦回着终日不绝的吟诵之声。一派天真出自然，仰止亭下悟良知。从公元1530年到公元1579年的数十年间，天真书院持续不断地祭祀和讲学，使杭州城成为守仁圣学当之无愧的传播高地，也对杭州文教事业的发展作出了历史性的贡献。

然而，守仁想到了圣学在他身后分化的必然，但绝想不到天真书院屡兴屡废，终至毁弃的命运。更为关键的是，毁弃书院政令的发起者，竟然是自己的门人之后。

说起来，张居正应是守仁的再再传弟子。因守仁看重并喜欢聂豹，便收他为弟子。聂豹在华亭时，又收了徐阶为弟子。日后徐阶做了首辅，奖掖和提拔了尚是翰林学士的张居正，使他逐渐掌握实权，并有了抗衡朝中权贵的实力。徐阶功成身退，张居正很快接了他的班，成为万历初年独秉朝政的首辅。但他当了首辅后，并没有兴私学、建书院，反而毁书院、禁讲学。万历七年（1579），万历皇帝下诏毁书院，“自应天府以下，凡六十四处，尽改为公廨”。64所书院，就这样成为官府办公的地方，天真书院作为传播阳明心学的重要场所，也在毁坏之列。

张居正假手万历皇帝毁天下书院，理由是反对书院师生们的空谈误国、讲学牟利，实际目的却是为了推行他反复强调的实干兴邦理念。他讨厌那些清谈的读书人对国家大事指手画脚，需要经世致用的干才，即他反复强调的循吏。更深层的原因，还在于这班聚徒讲学的大儒，一言一行皆在朝野中拥有很大的影响力，他们的思想理论和政治主张，会影响张居正大力推行的万历新政。张居正是一个善于决断的人，也是一个“六亲不认”的人，为完成自己的改革大业，不要说这种隔了好几代的师生关系，即便是曾经服膺的师者如果站到了改革的对立面，他也会毫不心软，一把搬开。

明張文忠公全集四　詩一

五言古

恭述祖德詩

赫赫我太祖應運開鴻基仗劍起濠梁羣雄摧若遺威德加
四海混沌分兩儀勳華信巍煥典則仍貽垂成祖靖內難桓
桓東征師奠鼎卜燕朔犁庭掃凶夷武功既燀赫文命迺丕
釐瑤圖仰再造萬國歌重熙景陵躬睿質披覽復忘疲斂衽
接三輔一德無猜疑大淵間臨幸政務日疇咨大哉帝訓編
道法何纚纚孝皇具至性恭已秉謙祗內庭遠嬖幸外囿絕
遊嬉崇儉嘗卻貂聽言猶轉規太平十八祀萬姓有遺思肅

張文忠公全集　詩一　一

祖起南服龍飛會昌期屬當改絃初制作命夷夔論道闢敬
一明倫垂典彝九重握金鏡太阿恒自持臨御逾四紀恭已
化無爲二祖肇皇綱三宗奠天維成功燭宇宙澂澤洽蒸黎
我皇亶神聖明兩赫重離河山光大業宗社錫繁禧締構想
艱難豐芑思燕詒儀刑見羹牆謨訓遵蓍龜率乃祖攸行萬
世永有辭愚臣備樞軸理道慚無裨敬陳祖德篇惟帝其念
茲

恭勵聖學詩一首

元后輔萬邦綏猷良不易若稽古哲王多聞乃建事堯舜帝
者宗精一闡微義夏禹既祗德殷高亦遜志成后務緝熙周

詩詠小毖猗歟休烈光英聲播來嗣今皇體睿明沖齡纂神
器爰當訪落初即儆金華祕書帷簡儒彥藝圃覃文思朝昃
不遑暇寒暑靡暫離寰宇仰休明風雲慶遭際顧以謭陋質
無能補天地願言崇聖功問學登純懿勿云天聰明無爲事
博識圖書足自娛兼之益神智勿云富春秋茂葉聊可諉寸
陰重逾璧居諸易流駛勿云履崇高優游保天位君心苟縱
逸萬幾遂顛墜勿云當燕閒可以快志意一暴而十寒細行
終爲累戒彼鴻鵠心專精道乃致謷御必端良勿狎於非類
爲山九仞崇成功歸一簣愼初惟克終永保無虞治愚臣職
司規敢以告中侍

張文忠公全集　詩一　二

恭頌母德詩一首

聖化基中闈坤儀貞萬方塗山翼夏啟文母誕周王徽音著
彤管奕奕流芬芳我明肇造初孝慈佐高皇艱難扶景運在
宥相乾綱補苴感將士採拮親蠶桑居貴不忘儉大練爲衣
裳文皇勤厥家亦由內德良思媚惟仁孝箴言足贊襄嘗爲
女訓篇睿謨何洋洋呂霍垂永鑒寵溢愼其防休哉二后烈
邁彼娰與姜貽謀及來裔繩繩慶方將猗歟我聖母世德宣
重光扶天致昇平毓聖纂靈昌履盛彌勤恪秉禮日矜莊內
庭政無譁外家恩有常明達信如此馬鄧豈足望九重勤孝
養萬寓際時康永言綏壽祉地久與天長

清光绪二十七年（1901）红藤碧树山馆刊本《张文忠公全集》

张居正下如此狠手，让包括天真书院在内的天下众多书院受到了沉重的打击。

诏书到达杭州后不久，天真书院就被拆毁了。

百尺秃墙在，三千旧事闻。
野花黏壁粉，山鸟煽炉煴。
江亦学之字，田犹画卦文。
儿孙空满眼，谁与荐荒芹。

在明朝文人袁宏道的《天真书院阳明讲学处》一诗中，能看到天真书院被拆毁后的样子：百尺秃墙尚在，但那些祭祀讲学的场景是再也无法重现了。徘徊于林中，所见皆是野花野草，山鸟飞来飞去，一幅山野的图景，让人很难想到过去这里曾经不绝于耳的琅琅书声，晨钟暮鼓即便再响，也是衰败的哀鸣，而非激励的号角。

守仁是豁达的。没有万世不坏之躯，自然也没有万世不败的书院。躯体不在，书院不在，但他的浩大学问会一直在，在他的经籍里，也在杭州人的记忆里。

虎林书院　心学余绪

杭州历史上总是幸运地遇到好官。

从李泌、白居易到苏轼，他们不仅于大处有超强的区域治理能力，还能于小处做些心系百姓的德政事业，让人生活在杭州城备感贴心温暖。

要说他们有卓越的远见，其实也不免夸大和奉承。细细梳理这些德政事业，大都也是着眼于解决百姓眼前的难题，至于让千秋之后的百姓还跟着普惠受益，则纯然是偶然之得。

这些杭州好官大多是“外地人”，那些本地出生的人考取功名外放做官后，也把他们的德政事业放到了更为广阔的外部世界，这就是书生们所看重的“天下情怀”。由此，便将一个本就有着厚重历史的杭州城留给了白居易、苏东坡这样的“外来人”。这样的循环替补，似乎成了一个历史规律，轮番在杭州城上演。所幸，杭州人以阔大的胸怀接纳了这些为他们做了好事的“外地人”，情感上甚至超越了那些走出去就难得回来的杭州士族官员。

明万历三十四年（1606），杭州城又来了一个好官，这个好官也是外地人。他叫聂心汤，江西新淦人。

可别小看聂心汤这个钱塘县令。他到任后，做了很多有益于杭州城的事。这些事，既有专门服务读书人的，也有为普通百姓而做的。

如今单讲为杭州读书人做的这一桩事，就是迁建虎林书院。

事情还得从前面所讲的天真书院被毁说起。

张居正去世后，时任吏科给事中邹元标和兵科给事中王亮就分别上书万历皇帝，请求修复或部分恢复天真书院。在浙江和杭州地方官员的呼应下，万历皇帝最终同意恢复天真书院祭祀守仁先生的功能，并赐名勋贤祠。虽然书院的授徒讲学功能没有恢复，但勋贤祠的重燃香火，对杭州城的意义仍然非同凡响，它证明杭州城仍然是守仁心学传播的高地。

守仁去世后，心学渐次发展和演变为七大流派：江右王门、浙中王门、南中王门、楚中王门、闽粤王门、北方王门和泰州学派。从排序来看，浙中王门仅次于江右王门，其在七大流派中的重要性不言而喻。因为有钱德洪、王畿[1]两位代表人物执旗，浙中王门有了与江右王门分庭抗礼的实力。他们固师守说，主张“和而不倡，应机而动”，认为“正心为先天之学，诚意为后天之学”，“心”即良知，是框定世界万物的规矩或标准，一言以蔽之，是先天统后天。

浙中王门习惯称为王学左派，以示和江右王门的区别。守仁去世后，他们在杭州、山阴等地的书院往来讲学，不停宣扬守仁的“良知”说，可谓守仁心学忠贞不

① 王畿（1498—1583）：字汝中，号龙溪，学者称“龙溪先生”，绍兴府山阴（今浙江绍兴）人，明代思想家。

二的传人。

从这个派系的发展演变来看，不难看出杭州城在其中特殊的地位。一方面，自然有钱德洪、王畿等王门传人不停讲学的功劳；另一方面，也有聂心汤这些官员的为政贡献。

聂心汤和时任浙江巡抚甘士价[①]都是江西人，且都深受阳明学的影响。从流派上来讲，他们无疑是江右王门的传人。来浙为官，光大王学，则成为王学左右融合弥缝的极佳机会。

这一日，两人一起相约造访修复后的勋贤祠。一路车马，风尘仆仆，赶到勋贤祠后，恰好碰到一群杭州城的儒生在这里会讲，一旁还有一些外地赶来的读书人围坐听讲。看到这番情景，两人都颇有感慨，天真书院当年会讲鼎沸的场面仿佛又回来了。

由于两人皆轻衣简从，这班儒生并未注意到会讲现场突然走进来的这两位官员。因此，会场之中，讲者和提问者居然频发惊人之语，让聂、甘二人为之惊诧。随行的吏员欲待喝止，被聂心汤一个眼色按下。

“江陵（指张居正）当年毁书院，天真因此不存，其罪非小，我等理当记上一笔，以为千秋万世之戒。只是兴学本为善业，为朝廷选拔实学干才有赖于此，我等当以此祠为根底，不辍讲学，使天真不灭，圣学永传。”讲者一番宏论，攻击张居正废书院之政的同时，隐隐然也有对万历皇帝的批评。看起来，赐名“勋贤祠”，更像是这个深居九重、懒问朝政的皇帝对守仁及其圣学的一个补偿，但为此受益的，却是杭州城及万千儒生。所以，在聂、甘二人听来，这些话即便有些过激，尚属在情在理，

）甘士价（约545—1608）：维藩，号紫亭，西省信丰县（今西赣州）人，曾浙江巡抚。

何况，张居正已经作古，议论一些他的过失，以排解儒生们对他毁书院的情绪，也说不上有什么风险，聂心汤按下吏员的举动，即出于这些考虑。

但在甘士价眼中，聂心汤和他一样，此举还出于对师门大德的维护。有心学作为他们的精神指引，为人或者为政便都有了明确的方向，不比那些随波逐流、互相倾轧的官员，他们把传之后世的文教功业，看得比其他任何功业都重。虽然两人职位高低不同，但在这一点上的追求却是一致的，他们保持了很好的默契，如在选择官袍还是简装出行上，事先并没有商量就做出了一致的选择。此时，在放任讲者倡言的问题上，他们又达成了一致的默契。

“然则，书院讲学功能已废，此种会讲，终非长久之计。不如我等联名，倡议重开天真书院。”有诸生建议道。

“复准祭祀，议出圣裁，不予讲学之用，已是钦定。联名只增府县两衙之烦，恐于事无补。”讲者是明白人，他知道天真书院只恢复祭祀功能而不准予恢复讲学功能是出自万历皇帝的圣裁，地方官员是不敢违逆圣衷的，因此，联名上书显然没有用。

“异址重建，可乎？”一个儒生站起来，振臂呼告。

讲者和听者都看向这高昂而激烈的声音来处，这正是聂甘二人所站立的方向。这齐刷刷投射过来的目光，让他们一瞬间感到了一种无形的威压。几乎是在同一时间，他俩不约而同地转身，离开了会讲的主场，走向了停在祠外的马车。

归途中，如芒刺在背的两人有了一次坦诚而深入的交流。

“儒生之呼告，不失为一计策，只是，选在哪里好？”甘士价还不忘儒生们投射而来的目光。

“中丞所虑，也是属下所虑。”聂心汤将自己的想法向甘士价和盘托出。他认为，天真书院虽然处于杭州城上佳的山水形胜之地，但到底离城太远，即便是他们这样坐着舒适马车的人，一日之内的折返来回，都是一个大麻烦，遑论那些清寒的儒生了。“推己及人”，这是聂心汤得自心学言传的慧悟，也是他为官良善的体现。天真书院旁舍无居息处，儒生们不能安心赴讲，因此，要想重开书院，迁回城内就迫在眉睫了。为上司分忧计，这样的责任理当由聂心汤这个县令来承担。来勋贤祠前，聂心汤也做了一些功课，对选址何处有了初步的谋算，那就是前任抚院住过的旧府邸，现今正好收官闲置待用。

聂心汤明白，抚院旧府的使用权属，远远轮不到他一个县令来插手。他在这一刻大胆提出建议，其实就是希望甘士价作为一省的巡抚，能有一个明确的主张，然后以其特殊的身份，禀明总督，以求通过。理论上，督抚之间，不会为争一所官房发生争执，起码，总督不会阻扰和干涉兴学这样的善政。

甘士价如何不明白聂心汤的心思，于是问道：“此府位于何处？厅房是否足用？如合用，仆自当向总督大人禀明。”

聂心汤便将旧府所在、厅房格局及改造思路一一呈报，听得甘士价心潮激荡，当即拍板决定，以旧府改书院，仰承天真书院的讲学余风，开启杭州城心学言传的新篇章。

这一年的十一月，甘士价获得总督大人的准许，并协调浙江藩、臬两司，得到了改建书院在官方经费上的支持。十二月，书院改建工程正式启动，聂心汤主其事，亲自督工。他衣不解带，累月坚守，终于在次年二月大功告成，新书院取名“虎林书院”。

改建后的虎林书院规模宏大，气象蔚然。明贤堂祭祀两浙理学诸贤，具体人等都是甘士价和聂心汤商议后定下的，从名单来看，虎林书院无疑是明末杭州阳明心学传衍的中心：陈选、章懋、徐爱、钱德洪、季本、陈善、唐枢、许孚远、张元忭，皆出自守仁门下。

从万松书院到天真书院，再到勋贤祠、虎林书院，这是百年间守仁心学在杭州的传播路径，书院成为见证者，也成为实际的推动者。

明贤堂后面，是可容纳数百人会讲的友仁堂，也是书院的中心所在。堂之左右则依序建有六馆，以待四方来学者。这是聂甘二人当日在勋贤祠特别下决心要着力改变和提升之处，因此，改建时便颇多措意，大至馆舍的数量规划，小至馆舍内的陈设布置，每一样都要二人会商后才确定。在聂心汤看来，馆舍太多，空置了便是浪费；太少，则不免让人闲话虎林书院的胸襟气度不够开阔，亦会生发出对杭州城小格局的批评，这自然是他们作为地方官所不愿看到和听到的。事实上，自二人来杭州城任职开始，他们就将自己自觉地归为杭州人了。

书院藏书楼自然也是不能少的。好在府县官署原有较为丰富的旧藏，此番统归虎林书院，作为公用，再是自然不过。聂甘二人犹嫌不足，主动捐出了自家所藏书籍数千册，又选了经史子集四部中常用的书目数十种，抓紧刊印，以备学用。这一番努力后，二人又请拟聘的山长和教授数名，对藏书楼的书目进行检点分类，然后向民间或征或购，补其不足。总之，为充实藏书楼，杭州城的读书人跟着两位大人一起，费了不少心思钱粮，一边抓紧土木改造，一边同步进行藏书的充实工作。等最后一批藏书顺利放进藏书楼，对外公布的书院揭幕日也快到了。

虎林书院揭幕之日，聂甘二人请来四方儒生见证。这一日，两人不约而同地穿上了官袍，表明虎林书院作为杭州官办书院，就此正式招录四方儒生。

几番推辞下，聂心汤代表杭州城的官员们发表了书院开院辞。

“某与中丞去年曾得闲拜勋贤祠，深知诸生折返就学、欲过夜而无舍宇之苦，因于城中卜得旧府，改建书院。四方名士，可以延止，郡之后学，有所依归。昔少陵有‘大庇天下寒士俱欢颜’之愿，某与中丞愿协力‘汇天下理学之士俱安学’。天真一脉，虎林存焉。”

这一番才情与感情交并的致辞，让儒生们感动振奋不已。昔日勋贤祠那位讲者其时也在列，于此方恍然当日会讲中途退场的几位，就是今日官袍在身的中丞和知县大人。聂心汤讲毕，讲者即引过众儒生，向二人施以大礼。

甘士价拉着聂心汤的手，哈哈大笑：“尔等不必行此大礼，说来我们也算同门。虎林书院今日既得重开，尔等当如猛虎出林，以圣学威震天下，则聂大人此番心思及功绩，必不唐捐也。”

功成不必在我。甘士价此等襟怀气度，让在场儒生折服不已，也让聂心汤自愧不及。遗憾的是，书院建成

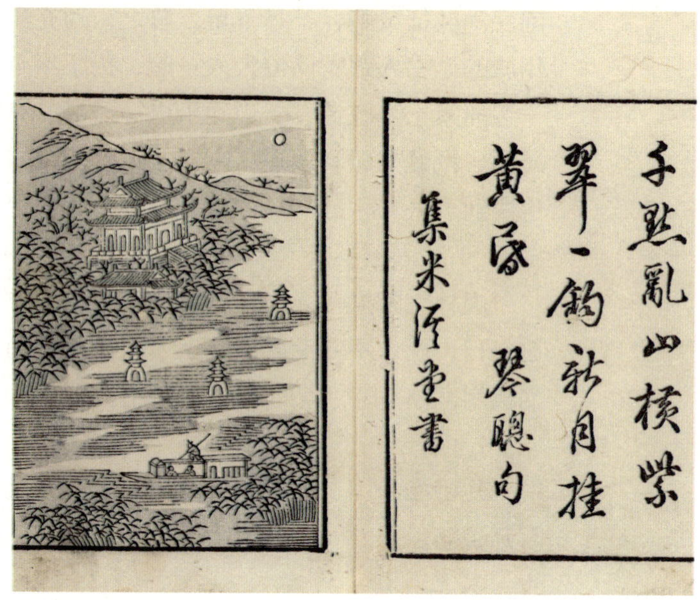

西湖佳景·三潭印月

后不久，甘士价即因病去世，未看到书院讲学蔚然的场景。据说甘士价去世的当日，浙省十一郡一州七十五邑的老百姓皆为之罢市，以致哀悼。

聂心汤也为甘士价的去世伤悼不已，他暗暗发誓，一定要更加勤勉为政，造福杭州城的士民人等，继承中丞未完成的事业。后来，他效法白苏两位前任，成就了另外一番功业：在西湖中心的小瀛洲放生池外面，堆筑了一条环形长堤，池外造小石塔三座，这就是西湖三潭的来历。

没有聂心汤，就没有三潭印月这一西湖美景。当然，没有聂心汤，也就没有虎林书院数十年的心学言传。这两件看起来并没有很大关联的功业，皆集于聂心汤一人，所以从这个意义上来讲，杭州历史上的好官之列中，理应有他和甘士价的位置。

顾宪成[①]与《虎林书院会约》

有人辛辛苦苦建书院，却有人挖空心思毁书院。尤其是那些出于政治斗争需要，通过拆毁书院而残害政敌的当权者。在他们眼中，书院不是教习讲学、培养人才之所在，而是政敌的言论堡垒，必须毁之而后快。

天启元年（1621），宦官魏忠贤与明熹宗朱由校的乳母客氏勾结把持朝政，成为权倾一时的阉党集团。

而此时，距杭州城400里许的无锡，东林书院的讲学之风正炽，并逐渐波及影响到全国。“风声雨声读书声，声声入耳；家事国事天下事，事事关心”的联语，已成为讲学者和听讲者一致的心迹和胸怀。阉党所为，自然也在他们的批评和攻击范围之内。

出于读书人的正直，这样的放怀直言在所难免，目的无非是让阉党收敛行为，还政治以清明。但在阉党看来，这根本就是对自己的挑衅，其把持的特务机关东厂不时对讲学进行滋扰和破坏。这非但没有影响到书院的根基，反因讲学之故积累了四方名士，渐渐发展成社团性、政治性的民间组织，以书院而成党的趋势已经越来越明显，这当然让以魏忠贤为首的阉党感到害怕。

顾宪成（1550—12）：字叔时，泾阳，因创办东书院而被人尊称东林先生”，江无锡人，明代思家。

作为东林党魁，顾宪成虽是无锡人，却因甘士价的关系和杭州有很深的渊源。聂甘二人倡建虎林书院，顾宪成曾为之作记。从这篇《虎林书院记》中，可以看出他和杭州虎林书院的关系：

> 予过虎林，公出晤昭庆寺，从容谓予曰："东林会约，祖孔子，宗颜曾，祢思孟，而师紫阳。不佞读之契焉，行将仿而图之。"

从这一段记录里可得知，甘士价在杭州推动建设虎林书院，是仿图了东林会约之法，而东林书院又师法紫阳书院。那么，《虎林书院会约》究竟是怎样的呢？在《虎林书院记》里，可以略知概要：

> 无何公缄示《虎林书院会约》，独主白鹿洞规，而自为之阐发厥旨，复推而广之，共为八条。会讲之日，首以谈玄说妙为戒。要在切近精实，上下皆通，一似有概于予言然者。

甘士价制定的《虎林书院会约》，与顾宪成进行过商讨，他们充分吸纳了白鹿洞书院和紫阳书院的经验，且有自己的创见。其会约共八条，核心在于崇尚务实的学风，力图矫正杭州士林当时热衷的玄妙虚无之习以及王学禅学化倾向。

这个《虎林书院会约》经顾宪成的参与意见并公布后，很快在杭州及邻近郡县书院产生了积极的影响。时任浙江督学陈大绶将《虎林书院会约》推广到浙江各府县儒学与书院，"诸郡邑靡不设为科条，官师弟子，亦渐有蒸蒸向往者"。

可是这样蒸蒸日上的景象并没有维持多久。天启五

明代佚名所绘《学童闹堂图》展现出一众学子天真烂漫的生活图景，彰显有教无类的教学特点，在书院遭受重创的时代，无疑能起到鼓舞人心的作用

年（1625）秋八月，毁天下东林讲学书院，顾宪成被削籍，左光斗、杨涟等“东林六君子”更被阉党残忍杀害。

受“东林党祸”的波及，杭州的书院也受到牵连，杭州西湖书院直接被改为陆贽祠堂，虎林书院也因与顾宪成有深厚的渊源，受到了很大的影响。

陆贽是唐朝名臣，于挽救唐王朝危局有大功，死后被追赠兵部尚书，谥号“宣”，因此世称“陆宣公”。西湖书院何以改成陆宣公祠？在明末文学家张岱的《西湖梦寻》里记录了这样一段历史，大意是说陆炳以明世宗嘉靖乳母的儿子而得势，为了美化自己的出身，到处对外宣言自己这一家系出于陆宣公，因此修建祠堂祭祀陆宣公。他死后，陆宣公祠堂被没为官产，因为是名贤遗迹的缘故，幸未被废。

陆炳是明朝第一个以公兼孤的“牛人”，因自认是陆宣公后人，便在西湖边建立陆宣公祠纪念先祖。从张岱的这个记录可以看出，嘉靖时的陆宣公祠便已规模宏大。陆炳虽是权臣，却也并非十恶不赦。他在争夺老上级王佐的私家别墅时，终因王佐小老婆的一番话而惭愧放弃，可谓天良不泯。到隆庆年间（1567—1572），陆宣公祠已经增祀两浙名贤，成为杭州城有名的名贤祠，不少人以能入祠祭祀为终生理想，以至于出现了进士陶允宜将父亲牌位偷偷放入陆宣公祠那些贤人牌位前的笑话。

“东林党祸”时阉党在全国禁毁的书院共有 28 所，数量上不为最大，却影响最深。地方官民对出自魏忠贤的指令大多采取拒不执行的态度，使很多书院得以保留。西湖书院改陆宣公祠，或许就是杭州官民同仇敌忾保护书院的迂回策略。无论如何，留得青山在，不愁没柴烧。以陆宣公祠而不致全面损毁的西湖书院诸建筑和版籍得到了很好的保护，在即将到来的书院普及和流变的大时代，它们又将以另外的身份和面目羽化繁衍、辉煌重光。

西湖风雨读书灯，兴学自有后来人。明清鼎革之际的杭州书院，受时局的影响，一度停滞不前。但废墟里只要有一点星火在，就会适时地燃烧壮大，并逐渐成燎原之势。浴火凤凰，战后新生，一个杭州历史上的书院和儒学发展的高峰就快到来了。

第四章

实学普及

千秋常见羹墙在，
百里重生俎豆光。

千百年来，几乎每一处中国古建筑的大门外，都会挂着或贴着一副楹联。它们或是由地方官员所撰，然后由地方最有声誉和名望的书法家题写，或是由地方官员或书法家一人撰题，因为联句深刻的意蕴和书法的飘逸俊美，这些楹联经年之后，成为这个地方一道独特的文化风景。

比如，岳麓书院的“惟楚有才，于斯为盛”。

而在所有张挂楹联的古建筑或名胜古迹中，书院楹联是最有代表性的一种。因为作为地方文教事业的窗口，这些楹联尤其得到地方官员和饱学之士的垂青和重视，他们在撰写和题写楹联时，除了毫无保留地献上平生所学，还会毫无保留地倾注自己对书院和儒生们最真挚而浓烈的情感。

本篇开头的这副楹联写于清顺治十一年（1654），由时任严州府遂安县的知县高尔修所题。他在这副对联里用了两个典故。“羹墙”出自《后汉书·李固传》：说尧去世后，舜十分怀念他，坐在墙边，眼前就会浮现尧的面容，即使是吃饭的时候，也会在羹汤里看到尧的样子。见羹见墙，一羹一墙，都是舜对尧的仰慕和怀念。俎豆是古代祭祀、宴飨时盛放食物所用的两种礼器。高尔修用在这副楹联里，表达了他对先贤祭祀和崇奉的礼敬之情。

这副楹联张挂于何处？高尔修又是在什么情况下题写的呢？

这一段故事，就从明末清初这段特殊的历史里讲起吧。

清顺治六年（1649），天津静海人高尔修进士及第，被外放遂安任知县。这一年，他已经41岁了。比起那些皓首穷经最终功名无望的读书人来，他还算幸运，多年苦读，总算在身强体健的中年得到了外放一方、一展抱负的机会。在前往遂安的路上，他暗暗发誓，一定要倾尽平生所学，为地方百姓做些好事。

从北方渐渐走进江南膏腴之地，即目所见，并非如他想象那样温柔富丽，数十年的兵荒马乱、战火不息，江南一带竟像北方一样荒凉残破。李渔诗句“六桥凄绝无行人”，说的便是战后杭州城的实况。

杭州城尚且如此，杭州城外的中小城镇就更是不堪了。在遂安，城镇的生机尚在慢慢恢复中，而一小股一小群的地方乱匪偶尔对地方的滋扰，更是让百姓的生活雪上加霜。高尔修到任后，尚未睡得一个安稳觉，就收到地方匪乱的报告。

师爷是遂安本地人，熟悉地方事务，给高尔修提了两条建议：倚望族，擒首盗。

遂安的地方望族是詹、方两家。从南宋起，詹家便培养了很多栋梁之才，又在地方上积极兴学，瀛山书院至今已数百年，尚留余风；而方家受詹家家学荫蔽，数百年间在遂安开枝散叶，后人入仕的入仕，从商的从商，皆有成就。无论是入仕还是从商，方家子弟但凡手上有了积蓄，都积极捐资助学，瀛山书院历数百年屹立不倒，除了朱熹的庇佑，更多来自于实学经济源源不断的资助。

高尔修要在遂安有所作为，詹、方两大望族自然是他必须倚重的对象。如是，到任第三天，他没有着急制定擒盗的方略，而是去詹、方家拜访。

“不知高大人来访，未能远迎，恕罪恕罪。”方家首老方祖胤迎出来时，高尔修和师爷已经进了方家门厅。虽是乱后，礼仪不失，高尔修初见方老，便存了一个好印象。一面也请方老原谅未及通报之过。

“方先生洞悉地方事务，这群盗并起的局面，该当如何应对？”高尔修快人快语，并不寒暄客套，落座就直奔主题。

方祖胤虽无功名，却也饱读诗书，从高尔修的言行举止看出，这是一个干实事的官员，心下不由得存了几分好感，于是也毫不隐瞒地说出了他对地方盗起的分析和治理之见。

“地方起盗，一因世乱，求其苟活；一因教荒，致其行悖，两者相互影响，相互作用。若说治理之道，要在使首盗安生，从盗得其教化。”

方祖胤接着介绍说，这些盗贼，多为本地的无业游民，趁世乱治懈，赖盗谋生。其盗首籍在乡里，父母亲人也大多没有附逆，并且常有往来。这些事，乡里民众也是知悉的。因此，依靠他们对盗首进行劝化，不失为一个好办法。只是他们为盗时因不忿于新朝新政，又存有前朝之思，久而久之，竟被看成是“反清复明”的地方力量了。“只要高大人免治首盗之罪，确定其过错不过为乱世求生而非有意对抗朝廷、行反清复明之旨，首盗必能劝化。一旦首盗劝化，其余从盗皆是地方贫苦百姓，准他们归籍安生，邑盗之治，二三年即可奏功。”

“然则群盗众多，除偶尔于民间纵掠财物之外，恐也不免有富家暗中资助吧？”高尔修并不为方祖胤的条略叫好，反问道。

“高大人慧眼如炬。富家大室，其实所余不多，当此乱中，岂敢资助，只是被群盗胁迫，勉强从之，方家自然也免不了被滋扰了。”

“如是，方先生当识得某盗首耶？”

“他家先祖，原也出自瀛山书院门下，只是数十年战乱蹂躏，书院荒废，这一辈人也因此失了教化，为了生计，方才落了草。”

高尔修问明情况，当即与方祖胤商议，由方家遣人告知盗首，于某日来府收运钱粮。高尔修遣一队官兵，隐伏在方府中，以方先生打落茶杯为讯，一举将盗首擒拿。

擒到盗首后，高尔修出面，解了盗首的绑缚，并将自己禀明严州府上司的陈文交给盗首看，以示自己宽谅其过错的诚恳态度和挽救群盗归顺从善的本心。“盗起于饥寒而归化于文教，其渠魁虽是首恶，然究竟不泯天良，人性本善，心存良知，仍令其归家改过，着邑中贤良监督教化，使其重事生产。本县愿以身家前途具保，如其重犯，任由治罪。”一县主官敢于用身家性命作保，劝盗首归化，这样的举动让方祖胤感动不已，因此，他在劝解盗首时的一番推己及人的剖白很快便产生了作用，盗首答应随高尔修进匪盗窝点劝散从盗人等。

次日，高尔修不带一兵一卒，只在盗首、师爷和方祖胤的陪同下，前往匪盗窝点。对于从盗，凡愿意回乡者，一律由遂安县发放回乡盘资以及足额的安家费；不愿回乡者，由遂安县安置在县衙作杂役。不出三日，其党羽便散尽。

这日，回到县衙，高尔修想起方先生所论“从盗使其教化”的方略，觉得这班从盗虽然已回到乡里，毕竟还是一县的隐患，倘若遇到灾年，衣食不保，难免又会重操旧业。使他们得到圣贤之学的教化，身经苦厄困窘仍不再生盗抢之心，或许才是治本之策。

县域中的官私之学原本不少，瀛山书院在杭州乃至苏、浙两省的影响都首屈一指，只是自国变后，江南兵戈不息。南明政权在江南经营虽然不久，但江南毕竟是南明政权的根据地，杭州更是南明政权的重要基地。南明政权覆亡后，清廷对江南诸地一直采取高压态势。入关后，清廷对结社订盟、书院讲学防范甚严，而杭州、南京等地更是严禁创设书院。清顺治九年（1652）的上谕更是严词敕令地方：各提学官督率教官，务令诸生将平日所习经书义理着实讲求，躬行实践，不许别创书院，群聚结党，及号召地方游食之徒，空谈废业。

在这个复杂的政治背景下，高尔修即便有心兴学，也不敢大张旗鼓。他请来方祖胤先生，商议对策。

“瀛山书院原有祭祀詹、朱二公之义，建国以来，俱已荒废，以修复祠堂之名义，复兴瀛山书院，或不失为至恰至协之法。”深知高大人办事雷厉风行、直击本质，方祖胤索性也就将自己的想法和盘托出。

“只是府中之学尚有成例可循乎？”高尔修其实是犹豫忐忑的，比起前次斩钉截铁地治理地方盗匪之乱的果决来，在兴学之事上，他实在是瞻顾颇多。原因嘛，不难理解，江南地方，上至有品级的官员，下到尚未有功名的读书人，因著书立说和讲学议论而入狱甚至丧生的人，实在是太多了。行得安全，做得稳当，他确乎也不敢在这个问题上去触碰紫禁城那高高在上的顺治爷及统治阶层的敏感神经。

“遂安向为杭州兴学重地，倘要说成例，实在没有哪所书院比瀛山书院更合适。以方某之见，高大人不妨为杭州城树一旗帜，以修复祠堂为先声，一俟政局清明，即可兴复书院。”方祖胤的建议称得上是尽善尽美，只是，旗帜有时候意味着是树敌招危的标杆和信号，在没有朝廷的明令前，即便是修复书院祠堂这个小小的举动，也可能为自己招来杀身之祸。

“高某非为不敢担责、畏惧祸乱之人，只要为地方好，高某都愿意去做。只是，由此牵连众多，实在不忍以身涉险。”高尔修何尝不明白方祖胤所思所想，这一番剖白，真真说到了方祖胤的心坎上。

“此是方某一人所为，不干高大人事。”方祖胤明白，高大人已经同意，并示意了具体的方略：以方祖胤个人捐资的名义，修复瀛山书院的祠堂。在具体的安排上，方祖胤采取以工代赈的方式，将前番遣散的从盗征集来，帮工之余，也让他们接受教化。

高尔修虽然没有光明正大资助瀛山书院祠堂修复的事项，但暗里以个人身份做了很多修复书院的工作。顺治六年，书院祠堂修复好后，高尔修以个人身份去参加了一次祭祀。

四年后，随着禁令的逐渐放松，尤其是朝政的清朗明晰，高尔修决定公开兴学。他捐出了自己积攒多年的官俸，高调宣布修复瀛山书院。

在他的倡导下，遂安县的地方望族积极响应，地方官绅也纷纷捐资捐物，贡献学田。方祖德、章之鼎具体负责修复工程。这一年的秋天，书院、方塘焕然一新。

书院修复当日，高尔修欣然命笔，写下了《三刻〈瀛山志〉原序》。在序中，他记录道："重建大观、仰止二亭，视昔犹称华丽，典型在望。各有同心，喜落成之为易易也……今忽废而能兴，峨然改观，则俎豆藉以重辉，岂非千秋之盛举也哉！"

在四贤祠前，高尔修驻足瞻望良久。方祖胤道："瀛山书院之复，赖高大人良多。四贤之祀，千秋不灭，理应请高大人题壁。"

高尔修也不推脱，欣然应诺。书院师生早已准备好笔墨，沉思有顷，高尔修展墨挥毫，一副义理深厚、笔墨俊逸的传世书院楹联落在了纸上：

千秋常见羹墙在，
百里重生俎豆光。

方祖胤和书院师生情不自禁为之鼓掌叫好。

这一年是清顺治十一年（1654），高尔修46岁。不久后，他将调离遂安，入职刑部。遂安人感谢他在任上治盗兴学之功绩，为之建碑立祠。当然，这是后话了。

因此，在杭州兴学善政的好官名录上，理应加上高尔修的名字。

在清初高压和板荡的禁学禁书院大环境下，遂安瀛山书院的修复开书院大兴风气之先，揭开了有清一代书院全面普及与流变的宏大序幕，从遂安至杭州全域，一个书院全面复苏和发展的鼎盛局面就要来临了。

遗老出山

康熙二十三年（1684），两江总督于成龙[①]的病逝，让杭州城的老百姓伤心难过了好久。

作为“天下第一廉吏”，于成龙带给地方的，不仅是崇尚节俭的社会风气，还以身示范，为后来的地方官作了为政造福一方的表率。

所以说，杭州人民是幸福的，千百年而下，总是能遇到好官。

康熙皇帝仿佛懂得杭州人民的心理，他在于成龙去世后，诏令六部保举像于成龙那样的廉吏，很快，一个四川籍的地方官被推举了上来：时任兖州知府张鹏翮[②]。

对张鹏翮，康熙是熟悉的。他在翰林院任职时，康熙就知道这个人。而后他历任顺天府乡试同考官及会试提调官、殿试执事官、廷试贡士阅卷官，都因能力突出，得到了康熙的两次接见。康熙二十三年十一月，康熙第一次南巡到达山东曲阜，朝官在孔庙诗礼堂听讲，康熙吩咐张鹏翮进殿听讲，给予特别的恩遇。

①于成龙（1617—1684）：字北溟，号于山，山西吕梁人，清初名臣、循吏。

②张鹏翮（1649—1725）：字运青，号宽宇，四川遂宁人，清代名臣，治河专家。

銮驾回京时，康熙还特别驻跸兖州。

康熙二十八年（1689）二月，张鹏翮被正式派往杭州，出任浙江巡抚。

从时间线和政治轨迹两条线来看，张鹏翮出任浙江巡抚，和六部保举张鹏翮为廉吏以及康熙驻跸兖州不无关系。更为重要的是，张鹏翮到任杭州不久，康熙就启动第二次南巡，来到了杭州。

不管正式的史料是如何记录这次任命的，张鹏翮出任浙江巡抚以及后康熙的第二次南巡杭州，其实在五年前就已经布好了局。

清初的政治局面，经由康熙和群臣的努力，特别是平定台湾后进入了全国统一、四海升平的局面。清初对江南士人的残酷甚至血腥的镇压，使江南的文教受到了严重的破坏。为修复自己和先帝的文教政策造成的影响，宣扬“治平”政治，进一步通过收复江南士人归向之心而笼络人心，康熙启动了第二到第六次南巡，而这五次南巡，目的地都是江南的重地杭州。

张鹏翮到杭州上任后，不改廉吏本色。他首先将巡抚住的府苑原有的华丽陈设退还，同时严令府苑上下人等奉行俭朴的生活，不得利用职务之便贪赃枉法。对举报和发现的下属及地方官贪污腐败的现象，一经查实，即以雷霆手段惩治，杭州吏治很快得到肃清。

在迎接圣驾的同时，张鹏翮还加快推进杭州城的文教事业革新。期间，他去前任巡抚范承谟主持重建的太和书院作了认真考察，对书院的历史沿革、生徒规模、办学特点、组织层次，尤其是山长等重要讲习人员的礼聘及书院藏书、祭祀的情况进行了全方位了解，“以备圣询”。

在书院内的留月崖，张鹏翮面对书院的如画美景，即兴创作了一首七律，首联赞叹书院绝佳的位置和环境：“山水多情似画图，瑞云深处见城隅。”他还应书院师生之邀，为书院题写了“有美”的匾额，后被书院师生刻在书院芙蓉岩的石壁上。

有感于书院没有一位饱学名儒主持讲习的现状，张鹏翮决心为太和书院寻找一位讲习。经杭州地方名家推荐，隐居河渚骆家庄的名士陆堦①进入了他的视野。

这一日，张鹏翮请来杭州知府，说了准备到骆家庄礼请陆堦任书院教习的事，杭州知府当即表示反对。

“此公才则才矣，惜以前朝遗老自居，对本朝颇多抵触，前次范承谟范中丞也有此念，三顾而不能劝其动身。”

“本朝建国已数十年，前朝之念，早该断绝了，更何况，今上德政宽简，文教清明，正是出来用命的时候。某愿再顾一次，劝来大驾。”

张鹏翮坚持要去，知府不好再劝谏，只得表示愿随中丞一道前往力邀。但张鹏翮谢绝了知府随往的好意，坚持一人一马，以读书人身份前往。

正是一年春好时。张鹏翮从杭州城骑马出发，沿途所见，草长莺飞，水网密布，江南春色，醉人一片。

骆家庄陆府，并不是高门显邸，门墙上挂着很多渔网，两个打渔人正在晒网。过了禁渔期，沿湖海而居的人又

①陆堦（约1619—约1701）：字梯霞，浙江钱塘人，以经济文章自任。

开始打渔为业了。

张鹏翮叫住一位打渔人，说明了来意，并递上了早已备好的名刺，上面只有他用小楷写就的“遂宁张鹏翮”五个字。

少顷，那位打渔人搀着一位年近七旬的老者，慢慢走出来，见到张鹏翮，这位老人当即躬身行礼：“陆某不知巡抚大人来访，未能前来迎接，万望恕罪。”

那位打渔人见来者是巡抚大人，也慌了，赶紧跪下行礼，张鹏翮忙将他搀起，一面向陆堦致礼。二人携手进陆府，陆堦引张鹏翮到前厅就坐。

“陆某一介佃渔老翁，何敢劳巡抚来访。”陆堦虽是七旬老人，但身体健旺，声音洪亮。

“不然，先生文章领袖，名冠两江，翮来浙就任前，已久闻大名了。此番前来，想请先生出山主持太和书院教习，万勿推辞。”

“陆某年老昏聩，恐不能胜任，大人宜另择贤良，以免误人子弟。”陆堦客套之中表明了坚硬的抵触态度。

张鹏翮知道，要化解陆堦对新朝抵触的心结，必须让他对新朝和今上的文教政策以举天下才人而得用的胸怀有全面的了解。

“先生久在田下，不知庙堂器格，以致心生偏见，愿为先生细言之。”张鹏翮不紧不慢，决定迂回一番，先从自己在遂宁读书的生涯讲起，其中，其翰林院学士生涯中对康熙为人施政的耳闻目睹，外放兖州和康熙的御前奏对，以及康熙驻跸兖州时君臣为治两江尤其是宏大杭州文教名邦地位的讨论等细节，无不备细讲述。要之，张鹏翮是要让这个心如铁石的遗老明白，这是一个大好的时代，康熙是一个大好的君主，能躬逢其盛，并力尽所能做一点事，是作为读书人的至幸。

历来皇帝对臣子的格外恩赏知遇，尤其是单独召对所谈的问题和细节皆是秘密，皇帝本人不讲，不在文字中透露，臣子是不敢对任何人谈起的。张鹏翮此番以身试险，出于至诚，也出于对陆堦的信任，这让后者有一种虽老而得知遇的感激。

另一方面，范承谟上次来邀，正是陆堦老母新丧、东南余波未尽的时节，陆堦坚不出山的心理胜过铁石。他在接到张鹏翮的名刺时，就对新任巡抚礼贤下士的作风十分欣赏。没有巡抚的派头和沾沾自喜，加之陆堦虽不在江湖，但对近时的名流消息以及诗文也颇为熟知，张鹏翮如不做官，也是当下一等一的大诗人，对这样的名士主官，陆堦是欣赏的。适才听张鹏翮讲几次奏对的细节，陆堦能切身感觉今上的不同，前朝之思，看来得放下了。

“帝二次南巡，即在近日。张某上札，将择要报告杭州文教振兴大事，书院延聘先生主持，自当以大事呈报。”张鹏翮俯身，向陆堦报告了康熙即将二次南巡的绝密信息。

陆堦的身子微微地颤动了一下，看得出他对巡抚大人的如此信任非常感动。然而，这样的颤动，更多是出于自己即将以达上听的意外吧。其实，清初那些江南遗老中，大多都如陆堦这样有着矛盾的心理，一旦恩遇达到预期，他们是愿意出山的。张鹏翮的高明之处，正在于他洞悉了这位遗老的心理，并将自己的礼贤下士之举，托举为皇帝及朝廷的恩遇。

陆堦最后留下了“容我思量”的客套话后，端茶送客。张鹏翮也明白，此事已基本成功，当即见好就收，打马回府。夜间，他秉烛上奏，将力邀遗老陆堦出山主持书院讲习一事，备细奏问。

张鹏翮知道，康熙第二次南巡，最希望看到的，就是这样的群贤毕至、少长咸集的局面。

在康熙朱批未到之前，陆堦一封措辞恳切、言语谦逊的答信已送至张鹏翮手中。不出张鹏翮的意料，陆堦爽快答应了巡抚大人的邀请，并表示自己“垂老之年，膺此重任，不胜铭感”。对于兴教之方，陆堦似早有谋划：地方举业、朝廷恩科，虽是书院重点，然经世致用、倡导实学，仍是地方教育不能忽视的。这样的主张，与张鹏翮不谋而合。

徐元梦[①]请来"浙水敷文"御题

张鹏翮抚浙五年，考功卓异，康熙拔擢为兵部右侍郎。离开浙江时，杭州及周边郡县的民众不舍巡抚离任，拦住他的轿子，百般挽留。陆堦也万分不舍，得到信息后，提前来府中挽留。

这一幕曾经出现在张鹏翮离任兖州时。

张鹏翮对陆堦说："天下良臣至多，张某岂敢钓誉沽名。先生主持书院教习，品行高尚，士人敬重，传灯育才、光大浙省教育，今后要有劳先生了。"

张鹏翮离任不久的康熙四十年（1701），陆堦以 83 岁高龄辞世。有学生撰文回忆陆先生掌教时期的太和书院："集十一郡学士，读书其中，每会，赴者千人。"

一代斯文，未曾断绝。

康熙五十三年（1714），上书房行走、教诸皇子读书的徐元梦就任浙江巡抚，接过了张鹏翮等前任巡抚的接力棒。

①徐元梦（1655—1741）：姓舒穆禄氏，字善长，清朝大臣，教育家。

自康熙四十六年（1707）第六次南巡结束之后，康熙结束了他的南巡计划。但这六次南巡，对两江地区，尤其是杭州的影响和改变巨大而深刻，杭州的士农工商，城里的街头巷尾，无不谈论着康熙五次南巡的故事，那些留在杭州城的题咏更被杭州士人们反复吟咏，朝廷为着改善满汉关系、笼络汉地贤才的举措，也被读书人公认为是至性至诚的开明政策，而康熙的六次南巡，对于清朝建国以来在地理、文化上的南北沟通贡献甚大，所以尽管民间有不少南巡靡费的负面评论，但总体而言，还是美誉多于批评。

徐元梦被誉为有清一代第一有学问之人，康熙派他抚浙，自然对兴盛当地的文教事业寄予了很高的期望。徐元梦不负康熙所托，到杭州后，像张鹏翮那样礼贤下士、罗致人才，为国家所用。他整理了康熙历次南巡的档案，总结归纳皇帝的关注所在，下大力气加以整顿。

康熙五十四年（1715），徐元梦主持了太和书院的重修工程。在书院重修工程完工之后，他又亲自登门拜访高淳的经学家、教育家和诗人张自超[①]，请他出山主讲太和书院。

这一切处置停当之后，他给康熙上了一道折子，大意是：皇上南巡杭州以来，杭州士民交感，人人振奋，读书人对皇上圣德尤其感念。皇上关心杭州的教育事业，我不敢懈怠，抓紧重修了太和书院，又延请名师大儒出任书院主讲，地方文教风气也焕然一新。为激励书院生徒，恳请皇上赐题院名。

请题折子上呈一个月以后，禁中传来消息：康熙御书“浙水敷文”，并赐《古文渊鉴》《渊鉴类函》《周易折中》《朱子全书》等典籍，作为书院教学所用。康

①张自超（1654—1718）：字彝叹，江苏南京高淳人，清朝著名经学家、教育家、诗人，曾主讲杭州万松书院。

敷文书院

熙赐书的目的很显然，就是希望地方书院在官办主持引导下，以程朱理学为核心，以制科应举为目标，为朝廷培养源源不断的人才。

徐元梦接到消息后，不敢怠慢，亲自赴京请题。在召徐元梦御前奏对的时候，康熙对徐元梦说："朕昔在钱塘时，屡应所请，题写甚多，独不为太和书院而题，非吝于笔墨，实敬于端肃。回京之后，朕每思'何必燕京是帝京'，深羡浙水敷文，文脉江南，积久虑深，乃能下笔，非此不足以示庄重。卿之所请，朕之所虑，虽是巧合，却也算君臣一体同心。卿郑重其事，朕心甚慰，江南文教，劳卿等尽心了。"

徐元梦自是伏地叩首不止。末了，他请康熙择日再次南巡，以慰江南士林之望。康熙却感叹自己精力不如从前，且历次南巡，所费不少，他也听到了很多负面的评论，深知万事适可而止、见好就收的道理。

徐元梦辞陛回杭州，一路上思考甚多，他决议改太和书院为敷文书院，以昭圣德。回到杭州后，他又主持修建正谊堂，将康熙御题隆重地悬于中堂。此后，又陆续增建了载道亭、存诚阁、表里洞然轩和玩心高明亭。

自此，历史悠久的万松书院迎来了它“敷文书院”的高光时刻。终康雍乾三朝，敷文书院人才辈出，声誉隆于朝野，时人称敷文书院为“小白鹿洞书院”，而徐元梦抚浙时主持书院讲习的殷元福[①]则被生徒们亲切地称为“小白鹿洞主”。

在康熙第六次南巡结束四十四年后，乾隆皇帝于公元 1751 年开启了他六次南巡的行程。尽管他精力好，对江南名物的兴趣不亚于乃祖，但凡事以不超过皇祖的自律，让他在六次南巡后，也果断终止了南巡之举。

但乾隆在杭州的题咏却因体量众多超过了康熙，而他三次驾临敷文书院，并和书院讲习齐召南[②]及在院生徒对诗的细节，尤其鼓舞士人。

齐召南幼时被誉为神童，雍正十一年（1733）举博学鸿词科。乾隆乙亥至乙酉（1755—1765），齐召南掌敷文书院，得以三次恭迎乾隆圣驾。

乾隆对齐召南掌书院的功绩评价甚高，并欣然应其所请题诗。为测试书院生徒的教育实绩，乾隆还对书院生徒进行了三次考试，这相当于把京城的殿试搬到了敷文书院现场。

这三次考试，乾隆先后取了 11 位生徒，其中谢墉、童凤山、孙士毅等被授予内阁中书，其余均分别给予了赏赐。杭州人对乾隆把殿试搬到书院的举措交口赞誉，认为此举“诚隆古以来士林未遇之旷典也”。

)殷元福（1662—726）：字梦五，]南省卫辉府（今]南新乡）人，清]著名教育家。

)齐召南（1703—768）：字次风，}琼台，浙江天台、清代地理学家。

矗立在万松书院中的敷文书院石牌坊

从公元1684年到公元1784年的百年间，两代帝王，三任巡抚，围绕文教振兴，君臣一体同心，杭州而至整个江南地区的书院得到了飞速的发展，人才的产出也远超其他地区。据统计，清代江南地区共考取进士4013人，占全国进士的14.95%，每7个进士就有一个来自江南地区。这个比例，毫无疑问在全国独占鳌头。

由于两代帝王的重视，书院勃兴，江南地区自此人才辈出。敷文书院的人才，一个接一个从万松岭走向两江，走向全国，走向未来。

被誉为一代优雅“吃货”、江右三大家的袁枚[①]，即是敷文书院“出产”。接下来出场的人物，就是在敷文书院读书的“吃货”袁枚。

①袁枚（1716—1798）：字子才，号简斋，世称“随园先生”，浙江杭州人，清朝诗人、散文家、文学批评家和美食家。

优等生袁枚

杭州葵巷。

闻听少年袁枚考取了秀才的亲朋邻里蜂拥而来，将这个并不是很宽的巷子挤得水泄不通。

“袁家为我们街坊长脸了。”

“这个娃儿我打第一次看见，就特别喜欢。”

“将来铁定做翰林，会当大官的。”

……

大家七嘴八舌，恨不得用尽平生学来的好词好句来夸赞袁枚和袁家，弄得小小年纪的袁枚很不好意思。

在人群中，袁枚看到了尊敬的塾师史玉瓒，他就定定地站在那里，看着袁枚，眼神里满是惊喜和爱惜。

袁枚走过去，向史先生深深鞠了一躬。师徒二人一同考中秀才，在袁枚，是盛大的声誉；在老师，则是迟来的安慰。袁枚不知道该不该向老师道喜，以致一躬之后，竟喏喏着不知道该说些什么。

倒是史老师早有计虑。他不愿在这闹世稠众之中，给学生，也是将来的同窗讲那些肺腑之言，于是示意一起出去走走。

袁枚会意，遂同老师往葵巷外走去。邻里亲朋看这一对老少秀才并不愿加入他们的群体欢乐，遂纷纷散去。

“尔自发蒙，即显才名，今日得中，只是启步，前路还长，须戒自满之情。”史先生还是严肃的教诲口吻，即便这个少年秀才刚刚得到了人生的第一个重大的奖赏，正是需要鲜花和掌声的时候，他也不忘作出这样的提醒。

袁枚自然是唯唯而应。

“尔随师多年，天性纵逸，诗文每奔放随性，原本是好事，但深究之，也有大弊存焉。”史先生注意袁枚的反应，见他用热切的目光投向自己，于是便按照自己早已准备好的思路讲下去，“余平生极厌科举制文，以为约束性灵、拘牵才思，莫过于制科体规，于是逞气如此，到这般年岁，才得个秀才，尔以为当是前车之鉴乎？”史先生从自己的经历讲起，目的十分明显，就是他隐隐觉得天才放纵的袁枚虽然已显出卓荦不凡的才子之象，但如不早早潜心科举文章，将来难免科场折戟，留下人生遗憾。

“然则，制科之文，确乎面目可憎，学生不愿为求功名而写违心之文，即便如先生，亦无憾也。”少年袁枚并非没有留意科举文章，非但如此，他已经从制科之文和性灵之文中，做出了自己未来的选择。

“负气之言，不宜过早言之。”史先生循循善诱道，“尔再大些，当明白此间道理。今日之后，余即是尔学长，不复为师耳。县学中虽有学问优长的长者，但要说到制科才艺，恐乏良选，杭州乃至浙省，专力于科举的书院不少，余当为尔留意之。尔家中来客甚多，且先回家，择日县学中再议不迟。”

袁枚满以为史老师还会有一番滔滔雄论，没想到他刚打开话头便收口匆匆作别，欲待细问缘由，史老师已转身离去，只好朝史老师的背影施礼，而后归家。

这是雍正五年（1727）。这一年，刚刚中秀才的杭州少年袁枚方才 12 岁，在杭州市井中有了“天才少年”的美誉，美好前程正在他面前一步步铺就。

六年后，已是翩翩佳公子的袁枚进入“升学”的年纪。针对他的“升学”“择校”问题，很多人纷纷施以援手，其中，就包括浙江总督程元章[①]。

说起来，袁枚自少年起就是“择名师”“读名校”的幸运儿。12 岁时，时任浙江督学王兰生喜欢这位少年天才，引入县学。15 岁时，新来的浙江督学李清植也非常喜欢他，为他张罗名师名校。

这个程元章可不是一般的地方大员，他的先祖是宋代理学大儒程颐，也因此自读书为官以来，便有择天下英才而育之的宏愿。早年在福建学政任上时，他就发现和培育了漳浦籍的书生蔡新。因得之于先祖的教诲甚深，他自有一套察人选才的标准，信奉儒家、天命、理学等思想体系者，是他的首选，也是必选标准。身为地方学政，这本来就是他的工作，也是职责。及至升为浙江总督，他仍然不忘为地方择才。前朝言官

①程元章（1683—1763）：字冠文，号坦斋，祖籍登封，清朝官员、书法家。

有风闻奏事的传统，他呢，却是风闻选才，听到属下和其他人口耳中交谈的少年贤才便想择而录之。自担任浙江布政使以来，已经不止一人向他举荐过杭州的天才少年袁枚。他找来了袁枚的诗文，细细阅读之后，欣喜之余，也有一些担忧。以他这样从科场过关斩将而来的过来人的眼光来看，此天才少年虽才气逼人，诗文中却自有一股不受制科拘束的天性流露，若不及早加以引导，这个天才极有可能被朝廷的选材标准拒之门外。

他要见一见这个天才少年。

在新任浙江督学帅兰皋的张罗下，袁枚见到了人生之中最重要的一位贵人。

总督府前厅，居中就坐一位蔼然长者，庄严儒雅，正是程元章总督。坐在他身边的，还有两位气质温厚的长者，袁枚似觉面熟，却又叫不出名字。

“尔知‘国马’‘公马’作何解？”程元章一开口，便是一个考题，让袁枚十分意外。

“两者都出自《国语》，却不知作何解。”他老实答道。

“甚好。此二典皆是僻典，尔能熟知，已是过人之才，此二马之外，尚有‘父马’，尔知出自何处？”一旁的一位长者继续考道。

“出自《史记·平准书》。”袁枚从容而答。

“可有好的下对？”长者继续考，方向却已从熟习典故转向了对句功夫。

"可对《易经·说卦传》中的'母牛'。"

"好。"总督程元章鼓掌叫好，当场捷对，这是需要特别的储备和才气的，他相信，自己发现了个好苗子，他要像发现和培养蔡新一样培养袁枚，便将身边的两位长者介绍给袁枚："此是力荐尔的督学帅先生，此是敷文书院山长杨绳武先生，以后从杨先生学科举时文，尔乐意否？"

袁枚施礼一一拜过，乃从容答道："八股之文，学生向来不喜，即便勉强从之，恐枯肠难对。大人惜才，可容学生随性而读？"

"随性？尔能随性一时，可能随性一世？"一旁的帅督学忍不住插话，"曩昔史先生曾告诫尔，需留意制科之艺，尔当时年幼，尚有抵牾，今者再见，缘何执迷如故？制科之艺，国家取士之根本，程大人等，皆天下名公，然也不得不从此出，不过取功名之一途耳。尔既有才，却惮此一途耶？不攻制科，恐止步于秀才也。"

帅督学的一番话，在情在理，说得袁枚无地自容。他想起 12 岁那年，塾师史先生对他的忠告，那时候，他将史先生的话当作耳旁风，并未放进心里，而是继续由着自己的性子作文，对那些应试的科举八股时文各种冷嘲热讽。史先生多年来到处举荐自己，这份感情，早已超越了师生和同窗之谊，现在听了督学大人的话，他才不得不佩服史先生当年的如炬慧眼，以及早发先萌的判断，心下不觉生了愧疚之意。

见袁枚如此，程元章却不忍，他也年轻过，也自少年来，也曾恃才傲物过，更有不知天高地厚、顶撞前辈老师的经历。作为过来人，除了训诫，更重要的是引导，于是他反过来宽慰袁枚："制科之学，敷文书院多有名师，杨先生愿得尔而教之，是尔大幸，不可辜负。尔有意性灵文章，以制科之艺得功名后，当可从容从之；若无功名，则性灵文章，恐为怨谤文章也。"

程元章的话，说得再明白不过：年轻人，不要鄙视八股文章，读书考功名，大家都这么过来的，你要想得功名，也要走这么一条路。至于兴趣爱好嘛，先放一放，有了功名之后，什么兴趣爱好不能捡回来？如果没有功名，为境遇所迫，兴趣爱好恐怕也会变成各种牢骚和怨气，也就谈不上什么建树了。

"尔回家思虑思虑，敷文学位，某为你留着。"杨先生最后温言对袁枚道。程元章和帅督学也劝他回家好好想想。于是，这场两位朝廷大员和当代名师参加的"招生面试"就这样结束了。

回家后，"优等生"袁枚并没有纠结太多。他向家人禀明总督问学的过程，也说了自己的想法。他在路上即下定决心，暂时放弃兴趣爱好，到敷文书院这所朝廷和地方都非常重视的学校读书。

就这样，"优等生"袁枚在总督的特别关注下，来到了敷文书院读书。

这年是雍正十一年（1733），袁枚 18 岁。

敷文风雨读书灯

夜已经很深了，袁枚书房的灯还亮着。

乍进“名校”的喜悦已经被腐朽空洞的八股制艺全部冲淡，袁枚尤记得初进书院时，自己喜滋滋地将少年时的很多作品交给先生看的情形。

《郭巨论》《高帝论》是袁枚 14 岁时写的作品。杨先生看了之后，写了这样的评语：文如项羽用兵，所过无不残灭。汝未弱冠，英勇乃尔。对他十分赞赏。

但先生写完评语后，又对他说了这样一番话：“总督大人对汝寄望甚高，自今日始，凡书院指定之外的书目，概从删削。一切怡情纵性之诗词，也需裁减。经史子集，务要勤谨习诵。愿以两年为期，进取举业。”

中举才有机会在春闱大比中和天下英才同堂竞技。袁枚是不服输的，他不相信自己比别人差，发誓一定要攻下八股制艺这个“山头”。

袁枚由此开始沉潜于经义策论、制艺帖括等书院常课，每天听完这些常课，就和同学们进行切磋。然而，少年才高的袁枚，却每每在此类比试和正式的考试中落于人后，一些少年时才学平庸的同学，却屡屡在这些考试中崭露头角。

有一天，袁枚实在忍不住，去请教杨先生。

“学生非不勤奋，自认还算有悟性，来书院就学以来，缘何一直居于人下？切盼先生明喻。”

杨先生便如此安慰他：“汝见识卓异，抱负远大，诚为为师平生少遇之无双国士。只是制艺功夫不熟，加之内心抵牾，故进步不明显。汝尚需全心全意，勤谨百倍，假以时日，功到自然成。”杨先生同时提醒：为学之途，并非一帆风顺，需要有承受挫败的坚强心理，一旦遇到不如意或小失败就怀疑自己，就丧失自信，是为学途中最需要注意的。“一时人下尚可，一生人下，可乎？”

末了杨先生又给他指认了一位长于制艺的同窗，希望他们相互促进，共同提高。

一生居于人下，你愿意吗？

袁枚自问，他是不愿意的。

那么，就百倍勤奋，百次挫败吧。

雍正十一年（1733）那一年，万松岭上的敷文书院里，每晚最晚熄灯的，一定是袁枚。如此，风雨不动，直到他离开敷文书院。

后来，他虽然经过多次举人考试而失败，又在博学鸿词科考试中落选，但始终不灰心不气馁，越挫越勇，终于于23岁那年一举考中顺天戊午乡试举人，然后，又一鼓作气，于次年春闱中以名列第五的成绩高中进士，入翰林院。

消息传到敷文书院，杨绳武先生在安慰欣喜之余，再次捧读袁枚早年写的《郭巨论》和《高帝论》，感叹当年“国士”之评，洵非虚誉。

此后，杨先生每以袁枚作为案例，告诫后来的书院学子们要懂得取舍兴趣爱好和科举前途。袁枚也成为敷文书院“优秀生徒”的代表，每到一批生徒，有关他的故事也会在敷文书院再传讲下去，自此代代不衰。

江山也要伟人扶，神化丹青即画图。
赖有岳于双少保，人间始觉重西湖。

作为杭州人，袁枚对杭州和西湖有着特殊的感情。伟人江山的关系，在他拜谒岳王庙后有了新的感悟。他当然不会觉得自己是伟人，对杭州、对西湖没有那种扶持的能力。但对于杭州、对于西湖，乃至对于敷文书院，他却实实在在是一个故人。

乾隆四十四年（1779）春，已64岁的袁枚重游杭州，泛舟西湖，和诗人赵翼[①]初晤。两人彼此慕名久矣，此番终得一见，不免诗酒雅集，歌舞倾心。赵翼羡慕袁枚虽已年老仍能带着一众青春靓丽、才情过人的女弟子，流连江湖，不思庙堂，可袁枚却自有一番苦衷说不出来，也不便对赵翼讲。三日快谈之后，两人就此分道，袁枚趁机重返万松岭，走进敷文书院，追忆当年在书院风雨不晦、苦学八股制艺的岁月。

来到杨绳武先生的墓前，袁枚唏嘘不已。此时，袁

① 赵翼（1727—1814）：字云崧，号瓯北，常州府阳湖县（今江苏常州）人，清中期著名史学家、诗人、文学家。

枚已担任了苏州等地书院的教授，又收了这么多女弟子，方知为教授、育弟子之难。此生何其有幸，在敷文书院最鼎盛的时候，在杨绳武教授掌教的时期，在万松岭日夜读书；此生何其有幸，能得到几任学政大人乃至总督大人的关心和爱护，得以入名校、拜名师；此生何其有幸，能和祝德麟等才子为同窗。如今，杨教授墓木已拱，自己也渐渐老去，昔日同窗除少数有书信联系外，大都已风流云散。眼前所见，书院已不复当年气象，竟有了些颓败的样子，自己当年苦读的书斋，早已变换了模样。袁枚岂能不明白，世间万事，脱不了盛衰二字，自己能亲逢其盛，参与其间，便是无憾了。

我昔来肄业，弱冠方童颜。
当时杨夫子，经史腹便便。
门墙亦最盛，济济罗诸贤。
我每遇文战，彻夜穷钻研。
至今咳唾处，心血犹红鲜。
……
逝者竟如斯，能无意自怜。
……

再也没有机会亲聆书院诸贤的教诲了，此番重返，也可能是人生最后一次来书院追怀故地、追念故人了。

在杨先生墓前，袁枚轻轻地问老师：“枚虽得科场之益，但终生恶制科之艺、恨宦海之术，以致中年改道，力主性灵文字，是得先生之教耶？或违背先生之旨耶？而书院之所重，是科场耶？或实学耶？”

松涛阵阵，野岭沉默。杨先生自是不能回答他了，他这样问，其实更像是在问自己，是在问敷文书院继杨先生之后那些擎起官学书院大旗的后来人，以及那些从敷文书院走出杭州、走向帝国庙堂的“优等生们”：桑调元、齐召南、金牲、王旭、沈维鐈以及秦瀛、朱彝尊、孙星衍、祝德麟、施安甫……这些书院的掌教者、讲学者和十一府四方来学者，他们是敷文书院这百十年鼎盛发展过程中最有资格回答这个问题的人。

应试科场，还是实学致用，袁枚其实有自己的思考。离开书院的第二年，他在自己的诗中，首次响亮地提出了“性灵”主张。其一生的重大思考，在《静里》中轻轻说出：“静里工夫见性灵，井无人汲夜泉生。”他是想用“性灵”说，理直气壮地反对书院教学重应试科场的现状。

十多年后，他也是一个耄耋老者，郑重地写下《示儿》诗，叮嘱后辈勿参加科举考试。

这是他对书院教育重应试科场的最后态度。

几乎在他写《示儿》诗的同时，一个人以实际行动对他的问题，给出了自己的回答。这个人，就是创办诂经精舍的阮元[1]。

① 阮元（1764—1849）：字伯元，号芸台，江苏仪征人，清朝中期官员，经学家、训诂学家、金石学家。

点亮数学天才的灯塔

舜典考

五岳考（选刻一篇）

主司城贞子为陈侯周臣解

释新旧

释难易

孑孓为蚊赋（以亦名蛣蟨老化为蚊为韵，选刻一篇）

赋得但能心静自生凉（得心字五言八韵）

珠兰（不拘体韵，选刻二首）

湖居三议

建湖楼（选刻一篇）
造湖船（选刻一篇）
制山轿（选刻一篇）

相信大多数人看了上面的这段文字，会有一种茫然不知所云的感觉。

其实这是清代杭州诂经精舍晚期的掌教为学生们出的月考题。出题的老师是清代大儒俞樾[①]，他应邀于清同治六年（1867）起掌教诂经精舍三十余年，是诂经精舍晚期最为重要的山长。这一套考题考察学生的范围，已经不是八股制艺之类专习举业需要的内容了，更多偏向于小学（指文字、音韵、训诂）的能力，所谓诗词歌赋，无所不包。没有一定的小学功底，在这样的考题面前，只能束手无策。

重视小学中的训诂学，尤其是对儒家诸经经义的理解，通过“诂经”倡导书院教育要注重培养经史学术人才，而非单纯应对科举考试，这正是阮元创办诂经精舍的宗旨。

早在清嘉庆四年（1799），阮元在担任浙江学政时，即谋生了创办书院的想法。那时候，他选取了杭州西湖白沙堤当年为迎接圣驾修建的行宫东边的一块地修建屋舍，召集学生共同编写《经籍纂诂》。师生在共同劳作之余，也不免相互谈些人生理想的话题。

有一天，阮元深有感触地对学生们说：“愿得一精舍，以诸君实其间，行今日之事，日常则对句联诗，岂不快哉！”

一位学生便问：“书院大兴，老师为何舍书院而名精舍？”

阮元由此为题，对学生们作了一番启发。他之理想教育，不是津津于科举仕途的官办书院教学，而是像佛

① 俞樾（1821—1907）：字荫甫，号曲园居士，浙江湖州人，清末著名学者、文学家、经学家、古文字学家、书法家。

教弟子或者汉代隐士那样，择山林僻静处，虔诚探求佛经与儒家经典的奥义。佛家弟子们遵循的是释迦牟尼对个人修行的教诲，于苦修中得慧悟，要旨正是作为修行者自己需要秉持的自我学习精神，而那些既可以读书，又能得到休息的竹林精舍、祇园精舍等，日久自然有了书院的功能。汉代儒生们效仿佛家弟子自学通经的精神，也纷纷建立精舍来传播儒家思想。正因此，精舍在汉代其实已经是书院的代名词了。

阮元理想中的书院，就是汉儒通经的精舍。在阮元看来，“精舍”之谓，实在比“书院”之名，高级多了。

学生们由此明白，老师是推崇汉代学问的，八股制艺这个时下影响最大的学问体系，在老师看来，确乎腐朽落后，而且误人子弟。

阮元像

但是，学生们也有担忧：以一省学政的身份，力抗朝廷重视的科举制艺，是否存在政治上的风险？这个问题一经想到，便有一位心直口快的学生提了出来，这背后，其实隐含着学生们对老师深沉的爱护。

“如马并行，何害焉？”老师对这样的问题显是计虑已久，所以，问题一经提出，几乎是不假思索就应声答出。

在阮元看来，这不过是个人兴学并行于官学的一个自然选择，对国家和地方培养人才来说，是只有好处没有坏处的。从根本上来讲，官学体系中的所有学生，也并不见得都能顺利考取功名、进入仕途，所以，他们能否学到实在的学问，对于他们今后的人生仍然有很大的用处；而私学精舍的学生，也并非不能通过努力考取功名、进入仕途。两者各有侧重，互为补充。

再者，杭州处在通江达海的特殊位置，得以承接四海九州的风气之便，自英使马戈尔尼奉使出访中国以来，西方文明，尤其是实用教育带来的影响，已经为一些特识先知的人所洞悉。先一步而行，未尝不是一个思路。至于政治风险，有自然是有的，但万事不能从避险万全的角度考虑，有时候适当的冒险，或许正是先人一步、惠及子孙的机遇。

“吾等愿作科举分道之马，供老师驱驰。”学生们这番集体表态，不是效忠，而是鼓励。考不考功名、当不当官，理应作为诂经求学问的备选，首要的，当然是真学问、真本事在身。

阮元听他们如此表态，很得宽慰的同时，也深觉改革教育重任在肩。

很快，创办诂经精舍的条件，就因一次正常的职务升迁变得越来越成熟。阮元被任命为浙江巡抚，主理一省行政事务。他在写给嘉庆皇帝的谢恩折子里，提到了自己创办精舍、倡导实学的想法。他处于圣眷正隆的时期，加之此前在学政、地方科举考试主考官等教育相关职务上多有不同寻常的教育主张，这些主张大都显示出了很好的成效。对这样补充帝国教育体系不足的创举，嘉庆自然恩准。如此一来，学生们当年担忧的政治风险就完全不存在了。

诂经精舍改建完成后，接替阮元的浙江学政和杭州府县等地方官都纷纷请示精舍是否奉祀孔孟等贤哲。学生陆尧春、周中孚平日深得阮元的教诲，以为精舍既以诂经为要，自当和官学书院区以别矣，两人于是联名向阮元提议：舍孔孟而祀许郑。

许是《说文解字》的著者许慎，郑是汉代经学集大成者郑玄。

舍孔孟而祀许郑，很多人为这样大胆的提议捏了把汗。这个标新立异的提议虽说不上多么离经叛道，但因为颠覆了书院祭祀的传统而显得颇为“出格”。

大家都把关切的目光投向主讲孙星衍[1]。

孙星衍出乎意料地作出回应：“甚善，理应如是。”之后，他以精舍主讲的名义请示阮元予以准行。

陆尧春、周中孚可谓知师深矣，这番提议经过孙星衍的倾力支持，基本上就成为精舍的众议，它表示这股来自精舍师生的新生思维的可贵。阮元准行，只是还有最后一道象征性的程序。

①孙星衍（1753—1818）：字渊如，号伯渊，阳湖（今江苏武进）人，清代著名藏书家、目录学家、书法家、经学家。

但阮元却将最后一道程序，走得异常庄重和仪式化。

他选在一个吉祥的日子，和精舍的师生们做了一番坦诚的交流。

“许郑之祀，虽非刻意标新，仍是立异之议。”他的开场白似有些不同意见，但后来大家明白，这不过是他先抑后扬的讲话策略。“此二公固也为大家所熟知，但诚不能与孔孟二圣相提并论。精舍独创一格，倡导实学，自当尊奉文字、训诂两学之达者。许公，自《说文解字》一卷以来，三代文字传于后世，其有功于经者大矣；郑公，集大成于周秦经训，诚后世汉学之法祖。合而祀之，既合诸生之请，又孚诸位讲学之望，更能启未来之鸿蒙，为此三种，敢请众议，准而施行。”

他这一番交流结束，就把是否祭祀许郑的决定权交给了精舍的所有师生。师生们于是以热烈而积极地回应了这个提议的可贵之处。

于是，大家移步精舍的雍肃堂，罗拜于早已经准备好的许郑二公的神主像下。

在孙星衍之前，王昶[1]以77岁高龄主持精舍的讲习，在精舍一时传为佳话。他是一个虽老但风骨弥坚的人，对现行科举考试以八股文为主题的教育制度愤恨尤大，讲到这个制度的危害时，每每以拐杖击地，嘟嘟之声，更像是他的责问。

王、孙二老，一前一后，开始了诂经精舍注重经史研究教育的尝试。早年跟随阮元编写《经籍纂诂》的几位学生，也选择继续跟随学习提高。杭州府和附近州县

① 王昶（1725—1806）：字德甫，号述庵，江苏青浦朱家角（今属上海）人，清代文学家、金石学家。

的一些痛恨八股制艺的学生都慕名而来。阮元在洞开精舍大门的同时，也对录取生徒提出了很高的要求。而那些以为小学功底较好得到录取的儒生们，进入精舍之后，面临的是一次比一次更难的命题考试；掌教和讲习们的教育方法，则一改简单枯燥的八股制艺方法，突出一个问题一个问题的系统梳理和研究。

如果说，这些通经研究都属于"语文"课的范畴，那么，诂经精舍最大的突破，则是率先开启了数学这门学科的教育。

阮元不是腐儒，也反对将学生教育成腐儒，他希望学生们经过精舍的教育，能够成为通儒。通儒的"通"，除了儒家经义的会通，还有六艺的会通。数学曾是儒家六艺，但历来是庙堂认为的"九九贱技"，得不到重视。

阮元在任浙江学政时，就有一位甚好数学的学生。他曾问老师："国家育人，缘何独不重数理之学？此虽不能安邦定国，但苟利民生经济，岂能偏废？"

阮元便引《新唐书》中的观点作说明："凡推步、卜、相、医巧，皆技也，小人能之。庙堂观点如此，则地方教育必不重视，如此相沿而下，遂成定见。"

"然则，数学既不能成为独立学科，则天才英纵之数学家，如何度过没有灯塔的万古长夜？"学生问老师，更像是问自己。他知道自己不是天才的数学家，但漫漫长夜，他需要灯塔指引。

学生的这个发问，让阮元听了为之心惊心痛良久。他想起自己好友徐心仲[①]的经历，有一次在论及个人学问的时候，因为不懂算学而被同道指责。心仲是个不服输

①徐心仲：徐复，生卒年不详，字心仲，江都（今江苏扬州）人，通九章算术。

經籍纂詁卷第一

臣阮元譔集

上平聲

一東

東 ｜動也廣雅釋詁一又漢書律厤志上○｜者動也續漢書五行志注引風俗通○｜方者動方也物之動也藝文類
聚歲時部上引書大傳○｜方者動方也萬物始動生也白虎通五行○｜方者陽氣始動萬物始生同上○｜方天
下皆生也同上○｜方者陽也白虎通情性○｜方木也論衡形勢○｜方者木春秋繁露五行相生○｜方者木也白虎
通五行○｜風木風也淮南覽冥故｜風至而酒湛溢注○震爲｜易既濟｜鄰殺牛虞注○｜者日之初素問五運行大
論｜方生風注○｜君日也廣雅釋天○｜宮世子也呂覽審應寡人之在｜｜宮之時注○｜郊農郊也呂覽仲春命田舍
｜郊注○｜洛邑也詩車攻駕言徂｜傳○｜｜藩魯國也詩閟宮俾侯于｜箋○｜方齊也詩烝民城彼｜方傳○｜人
譚人也詩大東｜人之子傳○｜龍與涑瀧同荀子議兵瀧種
｜籠而退耳注○漢書古今人表｜不訾韓子說疑作董不識

同 ｜｜合也儀禮少牢饋食禮｜祭于豆祭注又漢書地理
志上集注又呂覽精論天符｜也注○末｜志未合也
孟子滕文公下未｜而言注○｜共也周禮司市以泉府｜貸而斂賒注又左氏成元年傳是齊楚｜我也注○｜猶共也
大元圖方｜九州注○｜齊也詩車攻我馬既｜傳又後漢馬融傳注○｜猶齊也周禮大司徒六曰｜衣服注○｜聚也
詩吉日獸之所｜箋○｜亦聚也文選東京賦獸之所｜薛注○既｜言已聚也詩豳風我稼既｜箋○｜皆也廣雅釋詁
三○｜猶俱也詩七月｜我婦子箋○｜猶一也國語周語其惠足以｜其民人注○｜等也呂覽審己雖當與不知｜注
愛類除民之害｜注○｜和呂覽君守離世別羣而無不｜注○｜和｜｜也易同人釋文○｜謂和｜也周書成開衆和乃
｜注○｜和合也禮記樂記樂統｜注○｜猶和也平也禮記禮運是謂大｜注○｜謂平之也禮記月令｜度量注○｜
之言調也禮記祭統鋪筵設｜几注○｜猶通山海經海內經伯陵｜吳權之妻阿女緣婦注○｜謂協好惡也禮記樂記
樂者謂｜注○｜謂威其不協僭差者周禮大宗伯以軍禮｜邦國注○｜人親也易雜卦傳○｜甲謂完堅齊等管子大
匡｜甲十萬注○其虞曰｜國語鄭語以｜於王庭注○一心不二曰｜國語周語龢｜可觀注○好惡不殊謂之｜後漢
劉梁傳○｜者大｜天下書顧命上宗奉｜瑁馬注○異爲｜易彖上傳｜人于野虞注彖下傳其志不｜虞注繫辭上傳
二人｜心虞注○凡二｜故言｜｜公羊莊四年傳其餘從｜｜注○｜方百里周禮小司徒注引司馬注○方百里爲｜
考工記匠人爲溝洫又淮南本經諸侯｜｜注○方百里爲一｜左昭卅三年傳士不過｜注○地方百里曰｜國語楚語
四封不備一｜注又家語正論列國一｜注○十終爲｜周禮小司徒注引司馬法○殷見曰｜周禮大宗伯又詩車攻會
｜有繹傳又周禮大宰大朝覲會｜注又論語先進如會｜鄭注○殷｜卽殷見也周禮大行人殷｜以施天下之政注○
殷眺曰｜後漢班彪傳下注○｜陰律也周禮春官序官注○｜爵名書顧命上宗奉｜瑁傳○｜酒杯書顧命鄭注○故
書｜作銅周禮典同掌六律六｜之和注○周禮大司樂掌六律六｜漢書郊祀志下作六律六鐘○左氏成二年傳齊｜

經籍纂詁 卷一 一東 一 上平

上海文瑞楼鸿章书局石印本《经籍纂诂》

的人，回家之后开始头悬梁、锥刺股地研究数学。省考的时候，他竟然因为思考数学问题而交了白卷提前退场。心仲醉心数学，他不是独行者，但他缺乏良师的指导。

然而，良师何在？

阮元没有回答，也没法回答。但关于数学教育的问题，他从此便存在了心上。

如今，他觉得是到了回答学生这个问题的时候了。如果有必要，似乎也应该把这些先哲们的像在精舍立起来：张衡、刘徽、祖冲之……

而关于数学教育的良师以及课程、方法，阮元想到了自己的族兄焦循[①]。他和汪莱、李锐是远近闻名的“谈天三友”，所著《加减乘除释》完全可以成为数学教育的教材。

那一日，阮元去请焦循出山，不料又意外得到了启发。

“精舍设数学课，得也。兄不知，却也有失处。”焦循道。

阮元愕然：“失在何处？”

“天文推算，历来与数学渊源极深，岂能重数学而不重天文之学，此其失之一。”焦循人如其名，言谈果然循循善诱。

“自郑和下西洋，国民已知世界之大。我朝以来，西方传教士每每备述欧西地理之广，物产之盛，风俗之厚。史学之外，地理亦应是独立之学问体系。此其失之二。”

①焦循（1763—1820）：字理堂，江苏扬州人，清代哲学家、数学家、戏曲理论家。

“西学中源，地理之学，吾国不早已有之？”阮元反驳道。

“不然。此地理特指吾国吾民所不熟知之西方地理也。海上贸易一开，杭州即在枢纽之中，不能不预为之。”

这么说，阮元是信服的。“如此，数学之外，当天文、地理二学并设？”

焦循道：“兄创精舍，意在废科举、倡实学。数学、天文、地理等学科，无一不在实学之中，举一而反三，弟为兄计，不妨亦步亦趋，循循而动。”

阮元由此豁然开朗，忙鞠躬施礼道谢。焦循留阮元吃饭他也顾不上，要急急回家：“当与诸夫子急议，尽早开设天文、数学、地理诸科。”

焦循看着他急急而去的背影，又是笑，又是感叹：“一省巡抚，竟如小儿状，此赤子精神也。”

学堂来了个东洋人

假如阮元生活在现代，你们更愿意将他看成为一省省长这样的官员呢，还是一个著名学府的校长？

他其实更适合做后者。

阮元的无奈在于，办好诂经精舍是他最大的教育理想，但是又不得不服从朝廷对一位封疆大吏的工作安排，因此作为诂经精舍的创办者，在接到朝廷外调的诏令后，也只能忍痛割舍对精舍讲习和儒生们的牵挂，去当他的朝廷命官。

好在，他在下一站广州城，仿照诂经精舍的模式，创立了学海堂，继续推行自己的学术和教育理想。

学海堂与其说是广州城的教育新生，不如说是阮元的杭州旧忆。

无论走多远，官当得多大，阮元还是会体会到“最忆是杭州”的深刻性。

由是，他从诂经精舍创始人，变成了首任“校长”。

他走之前，给精舍留下了一个非常难得的精神“遗产”：刊印了由他手订的 14 卷 6 册的《诂经精舍文集》。

这个文集收录了包含讲习和儒生们在内所做的 156 个题目、323 篇文章，且往往师生同题所作，各有阐发，并不完全趋同。

手订文集时，阮元就反复说明自己的选择标准，讲习就某一题目所做程作（范文）应在义理、音韵、词章等方面有可示范处，而儒生研读之后的写作，则应以补充发挥为要，切忌因循顺从讲习的观点。至于能够换一个角度阐发，乃至说出不同见解者，则尤应予以鼓励。他对这样的文章特别看重，往往会勾红后，示意助手选入文集。

离开杭州赴广州任前，阮元对浙省学政和一众讲习殷殷告诫：“文集既有良好开局，万不可半途而废。精舍在一日，文集编订便须得一日不废。今日看文集，不过增益精舍馆藏；异日看文集，则于国家教育有大益处。”

阮元的眼光确乎是超前的。

此后，《诂经精舍文集》一直编订到第八集，“师生文集”的刊印，不仅影响了浙江省的教育，而且也成为当时很多书院办学的借鉴。同时代人、画家张崟曾经这样评价：

> 阮文达公振兴文教，其影响于我浙以至于中国学术界之深远者，尤推西湖诂经精舍之创设课艺梓行者八集，至今犹为世珍，生徒著籍，可考者千数百人。学问名家，作述不朽者，比比而是。精舍不但影响于浙省者至大，抑且泽溉全国，堪谓为我国教育史上极

光荣之一页矣。[①]

《诂经精舍文集》从第三集开始，一直到最后的第八集，基本都由山长俞樾手订。他在诂经精舍的“超长待机”，使得文集的持续编订有了良好的人事基础。同时，作为忠实继承首任“校长”“遗产”的人，俞樾以他的“超长待机”，不仅在浙江省发扬光大了精舍“实学”的旗帜，而且将精舍作为国家汉学研究和教育中心的影响力传播到了海外，吸引了东洋留学生慕名而来。

唐有遣唐使，清有官学生，这个杭州书院数百年历史上唯一的“老外留学生”故事，还得从同治九年（1870）说起。

这一年，经由日本商人的努力，主持诂经精舍讲习事务的俞樾的著作《群经平议》和《诸子平议》传到了日本，立即在日本汉学界引起巨大反响。他们对俞樾这些阐释儒家经典著作的作品给予极高评价，俞樾也因此而被他们视为拯救“名教”的“豪杰之士”。有日本学者认为，正是因为天生俞樾，才使“名教未灭”。

光绪四年（1878），清朝首任驻日公使何如璋在与日本友人交游的过程中，认识了日本大藏省造币局局长德能良介。德能良介向何如璋介绍了造币局一个深慕汉学且汉学造诣极深的职员井上陈政，后者向公使大人表达了自己对俞樾先生及其代表的中国汉学研究成果的无限崇敬。

何如璋乐得听见日本友人用中国语言，表达自己对中国传统文化的倾慕，尤其是对一个中国教师的敬仰之情。作为首任驻日公使，他觉得这些来自日本友人的倾慕和敬仰，也是“扬我国威”的一部分。出于对井上陈

①语出张鉴《诂经精舍志初稿》。

政的欣赏和爱护，他欣然允诺，愿意为他拜师俞先生居中牵线。

光绪十年（1884），井上陈政受日本大藏省造币局派遣，随何如璋来到中国，转道杭州之后，径直奔向杭州俞楼俞樾寓所谒见，请求受业于门下。

俞樾感其万里来学的诚意，又加之有何如璋的保举，“辞之不可”，于是答应收其为徒。

这个东洋留学生，就这样走进了诂经精舍的学堂，成为精舍唯一一个外国生源。

经过测试，俞樾发现井上陈政的汉学功底不亚于精舍的其他儒生，于是在日常的教学尤其是经学和诗文的教学上给予特别的关照，除了因材施材，还经常创造机会，让井上陈政与其他优秀的儒生切磋交流，相互提高。天长日久，儒生们也能感觉到山长对这个“留学生”确乎存在着一种特别的偏爱。

到诂经精舍之后不久，俞樾就给井上陈政取了一个中文名字：取其原名中的“陈”字为姓，以“子德”为名。这个儒家色彩浓厚的名字，由此频频进入俞樾的诗文记录中，也被他的精舍同学所习称。在俞樾的记录里，如是赞扬这个好学勤奋的学生：“子德之才，必有大过人者，吾惧曩者之所约，不足以限子德也。吾老矣，隶门下之籍者，无虑数百人，今得子德，殊有吾道东矣之叹。”

俞樾对陈子德的评价，虽出自真情，但还是不免过之，尤其是“吾道东矣”的叹息，完全没有必要。实际上，以精舍教育培养出来的人才，如戴望、黄以周、朱一新、冯一梅、袁昶、章太炎，后来大都有较大成就。反倒是

诂经精舍旧址

陈子德，虽然在诂经精舍苦学三年，学问文章大有长进，但由于归国后长期活跃在外交舞台，在汉学研究上，成就并不是很突出。“因书数语而归之，愿观其异日之所造也”，俞樾赠别陈子德的这句话，显然是对他未来的发展抱以很大期望的。但从陈子德的实际成就来看，俞樾不免会失望了。

倒是陈子德对恩师感念一生的真情，值得赞许：

光绪十六年（1890），俞樾70寿辰。已学成归国的陈子德，为了向老师祝寿，征集了日本国内29名汉学学者为俞樾写的祝寿诗文。其中，日本学者小幡俨如此赞颂俞樾：“盖先生非止世所谓儒者，而实可谓旷古不世出之豪杰也。夫所以谓五百岁而出者，非先生而谁？虽万里之外，绝域之人，其孰有不闻风而兴其哉？”①

①语出小幡俨《祝寿文》，全文见俞樾《春在堂全书·东瀛诗记》。

这样的赞美，不仅是对俞樾道德文章的高度肯定，更是对诂经精舍“破格录取”东洋留学生，使汉学传播影响东洋而名教不灭的诚意感恩。

什么是“有教无类”？诂经精舍在晚清地方教育上的实践，可谓得风气之先。在西风东渐的世纪交汇时期，诂经精舍一方面适度容纳西学，尤其是开设天文、数学、地理等实学课程；一方面又大气包容，向东洋留学生传播中国传统汉学，使传统汉学扬名海外。这一进一出、兼采共融的教学实践，上启阮元，下至俞樾，两个大儒，跨越了半个世纪，完成了诂经精舍教育变革的接力。

狂生章炳麟晕倒在面试现场

几乎是前后脚，陈子德离开诂经精舍之后不久，又一个超级优等生来了。

起初，他在老家余杭随外祖父朱有虔读书，年纪大一点之后，闻听俞先生的大名，对杭州城便生发了一种向往。父亲去世后，他遵父亲生前的教诲，投靠家在杭州城小塔儿巷的外叔祖朱洁泉。

稍事安顿，他便向外叔祖提出，要去诂经精舍拜会俞先生，求俞先生收在门下。

“俞先生么？当世大儒，不是见一个学生就收的。炳麟，我看你还是另投别处吧！”外叔祖不知道他在余杭读书的情况，只道寻常资质、一般用功，是断不能被俞先生看上的。

“侄孙来杭州城，便立下宏愿，必得拜俞先生门下，否则不如回家。”他是倔的，却也是自负的。

“可是，炳麟啊，千百人中，止有一二人入得俞先生的眼，你拿什么去得他的青睐？”

“侄孙自有一肚子文章。”炳麟凛然道，“俞先生但有问题来考，侄孙必定能答。”

“好一个狂生。”外叔祖想，年轻人，不知天高地厚，碰一鼻子灰回来，自己也就偃旗息鼓了。于是决定带着他，去俞先生所住的俞楼碰碰运气。

俞先生蔼然长者，当然不会托故不见慕名而来的学生。所以，对于学生们而言，俞楼并不难上。只是先生年事已高，精力有限，要将不多的时间用在精舍文集和其他文集的编订上，所以并没有给这一老一少更多时间。他接过这章姓青年递上来的文章，看过一两页，知道他是读了些书的。只是呢，还是不够拔尖，或者说，文章中虽有些激昂的气象，可思想见地的层次，到底还是清浅了些。

“回吧。”俞先生端详了章炳麟惴惴而又满含期待的样子，轻声说道。

“求先生再赐机会。”章炳麟眼见初试失败，大为惶恐，紧张之下，连忙伏地长拜。他决心再争取一番，以求得现场考试的机会。

俞先生受他大礼，不忍直接逐客，于是问道：“汝文章中讲‘内诸夏，而外夷狄’，显是熟悉的了，可知出自何经？”

“学生曾在少时，得家祖教诲，至今不敢忘，此语出自《春秋》。”稍一停顿，他又补充道：“夷夏之防，同于君臣之义，前贤王船山先生、顾亭林先生已论及。”

俞先生点头，复问道：“师生之义若何？”

章太炎所用章
杭州章太炎纪念馆藏

章太炎像

“昔樊迟从游于舞雩之下，问崇德、修慝，学生以为师生之义，在于从游。”

“一时，或者一世？”俞先生再问，站在一旁的朱洁泉却有些意外的欣喜，他知道，这一问一答，要是有个三五回合，炳麟入诂经精舍的事，就多半有望了。

“从游一时，自修一世。”章炳麟的本意是好的，客观上，学生对老师感情再好，问学再恭谨，终是一时，迟早，他需要自立门墙，樊迟之于孔夫子，不也是这样？

“回吧。”俞先生又道。这一回的语气，却坚定果决，没有回旋余地。

章炳麟不知道自己哪里答错了。茫然起身后，向俞先生鞠了一躬，退出俞楼。

日后，他果然因自己的革命理想，与老师坚守的君臣家国之道相抵触，而发生矛盾对立，终到互不宽容、公然决裂的地步。那时，不知他是否会回想起这次面试的经历。

章炳麟岂能就此甘心。隔了三天，他又带上自己的新作，再到俞楼来拜见。

俞先生隔着门帘，托学生递了张素笺给他。

他打开看，是俞先生的亲笔翰墨，上面只得两个字：正经。

难道自己对儒家经义有曲解？上次一番对话，《春秋》中的那句“内诸夏，而外夷狄”的理解，或是错了？他欲待细问，先生早撤了帘子，下逐客令了。

回家将《春秋》拿来苦读了数日，还是不甘心，三到俞楼。他在门帘外跪下，喊了声：“学生章炳麟求见俞先生。”

许久无应声，侍候在先生身边的学长也再没有一个递先生的翰墨来了。他 17 岁那年参加童子试，意外昏厥在地，尔后多次再犯，便知道是病了。此时，或许是极度羞愧所致，这昏厥的老毛病立刻重犯，身子一歪，就倒在了地上。

悠悠醒转，却是在俞先生书房了。

“汝要读书，原不必如此急躁的，倘有意外，反是老夫之过了。”俞樾一面递上一杯温水让他喝下，一面温言道：“汝且端坐，容老夫问汝两个问题，汝若答好，老夫便允你精舍从游，若答不好，今日之后，便不必来纠缠。汝可听得？”

章炳麟忙应道：“学生听得，学生听得。”

“《礼记》上，周官人数几何？此其一问。《孝经》有‘先王有至德要道’，先王谁耶？此其二。汝答来。”

章炳麟知道，这两题考得异常偏僻，不过幸好自己腹笥充盈，可以从容应对。当下便从第二个问题答起：“《经》云‘先王有至德要道，以顺天下’者，明政治上之孝道异寻常人也。夏后世袭，方有政治上之孝道。故孝道始禹。”

还没有回过头答第一题，俞先生便点头，有赞许之意。虽然，章炳麟如此解经，让他隐隐然有些忧虑，年纪轻轻，好谈政治，文章言谈，每有“革命”之类新鲜词语，到底激进了些。但好在有深广的想法，比一般仅就字解经的学生，确乎通透了很多，两相比较，再加上前两次的观察，综合来讲，章炳麟算得上是一个可造之才。至于毛病嘛，谁又没有呢？跟在身边，好好矫正，不是不可以改变的。

如此心念既定，对章炳麟接下来的回答，也就随风过耳、姑妄听之了。即便不过脑，他也知道，章炳麟如行云流水的应答中，遍引的诸多儒家经籍，确乎是对第一个问题比较准确而妥帖的回答。精舍诸子，除开和他接近的几位博学通儒，大约也只能作如是答了。

“汝且回家，收拾些常用衣物，三日后到精舍吧。”俞先生微笑着对他说。

章炳麟自是喜出望外，连连拜谢不已。俞先生扶起他：“汝既入精舍，便是生徒。自今日始，除精舍外，非为师允诺，不得外出乃至交接他人。汝要记得。”

“学生记下了。”

下得俞楼，章炳麟看着眼前的孤山和环绕的西湖碧波，顿觉亲近亲切。他暗暗下定决心，跟随俞樾先生，虔心在这里读书做学问，精舍外的那些政治事件，那些维新人物，那些革命信息，都暂且放下吧。

章炳麟自此便按照俞樾先生的要求，沉潜于诂经精舍的日课。句读、抄录、评校、著述，他在某些方面长于其他儒生，又自知自己对儒家经籍并非全然通透豁然，所以还要下扎实的功夫。俞先生偶尔也指点他不妨转益多师，比如，他的同乡谭献[①]，其文章导源于秦汉，学问渊通，又写得一手好词，书法也是自成一家，多多请教，只有益处。

章炳麟将老师这样的学问开放态度奉为纶音。好在谭献在这个小自己30多岁的年轻人面前并不拿捏态度，反是倾心接纳，引以为忘年之交。

就这样，章炳麟从光绪十六年（1890）到光绪二十三年（1897）一共在诂经精舍读了七年书。这七年，他对战国诸子文字音韵进行了系统的考订，这些考订文字，用札记体行文，被他留了下来。日后，他有机会再次翻检，也深为自己当年的发奋而感叹。

此外，他也发力了对《春秋左氏传》的研究。他尤记得，俞先生面试他时，问的就是《春秋》中语。第一次面试落败，或许就缘于此。如今，古文经学和今文经学两个学派正

① 谭献（1832—1901）：原名廷献，字仲修，号复堂，浙江杭州人，近代词人、学者。

太炎先生纪念馆

在展开论争，他自己是倾心于古文经学的，因此，对以刘逢禄[①]为代表的今文经学派进行了大胆驳难，显示了诂经论辩的勇气。他随后写成《〈春秋左氏传〉读》一书，成为精舍少数锋芒毕露的儒生。

俞先生喜见章炳麟的发奋和成长，也常常给予衷心的黾勉。俞先生采用的方法，并非是在日课或儒生聚集祭祀会讲时点名表扬，而是不断选择章炳麟的一些论述精到的文章，刊在《诂经精舍文集》或《诂经精舍课艺文》中。算起来，章炳麟的文章，经俞先生编订上载文集的，总不下30篇，这样的体量，在精舍不是第一，也是第二了。

不特如此，俞先生还将他一些有见地、抒肺腑的文章，推荐到当时名家办的刊物上，比如，关于《〈春秋左氏传〉读》的序录，俞先生就推荐给了刘师培[②]的《国粹学报》，刘师培看后，深为这样的儒生讶异，很快便予以刊发。

这样超出常格的肯定，就是无声的表扬和无声的赞许。不过，俞先生还是不忘时常提醒他："精研教训，

① 刘逢禄(1776—1829)：字申受，号申甫，江苏常州人，清代经学家。

② 刘师培(1884—1919)：字申叔，号左盦，江苏仪征人，经学家。

博考事实。”他把这告诫，作为自己的座右铭，诂经精舍的七年，从未稍离。

然而，俞先生并没有太在意的，精舍里通过其他讲习或儒生带入的大量西方书籍，却再一次撞击了章炳麟的革命灵魂。他知道，他需要走出诂经精舍，走向更需要他的更为广阔的外部世界去了。

他还是坚持面试时自己提出的观点：为师一时，自修一世。他相信，他的自修世界，已经不是诂经精舍了。

他离开诂经精舍的时候，并没有频频回望。反倒是俞老师，反复对他说：今日之别，不知是否尚有再见之期。

他自然不会知道，日后，他们还会闹到师生决裂的地步；他更不会知道，在他离开后，诂经精舍便逐渐从高峰滑落了，直到完全与其他书院融合、新生。

一个属于变革的时代，再次来临了。

第五章

西学东渐

九州生气恃风雷，万马齐喑究可哀。
我劝天公重抖擞，不拘一格降人才。

这首诗想必大家是熟悉的，诗作者龚自珍也是杭州人。他所写的《己亥杂诗》共有315首，皆是七言绝句，独有这一首以强烈的变革思想最为时人所激赏，更被后来目睹国家沦废、国力不振现状，希望改革图强、振兴国家的仁人志士引为知言，因此在315首《己亥杂诗》中风格标高、气质卓异，被人传诵不衰。

写这首诗时，正是清道光十九年（1839），龚自珍辞官南归，船过镇江，应道士之请写下了这首传颂千古的祭神之诗。诗人借祈祷天神的口吻，呼唤国家启动风雷般的变革，以打破清王朝束缚思想、闭关锁国、扼杀人才造成的死气沉沉的局面，从而让人才得解放，为变革社会、振兴国家所用。

写这首诗前十九年的清嘉庆二十五年（1820），出任浙江杭嘉湖道的林则徐到杭州后，即把选拔人才、整顿学风列为当务之急。在他签发的政务文告《杭嘉湖三郡观风告示》中，他对为国所用的人才寄望殷殷：“凡尔诸生，各宜踊跃，此日驰驱文囿，竞吐珠零锦粲之词；他年黼黻皇猷，伫收秋实春华之用。”针对官办敷文、崇文、紫阳三大书院发放生徒津贴的弊端，林则徐要求，地方政府和书院每年定期对学生进行命题考试，经考试甄别名次，按名次发放津贴。对成绩特别优秀的则给予更高的嘉奖，并赠送亲写的楹帖，体现奖优罚劣，促使书院学风端正、面貌更新。这种通过考试按名次发放津贴的教育考核模式，已经无限接近于今天的“奖学金”制度，足见林则徐教育思想的开放。而他所提“春华秋实”这样既重德行、又重才华的人才观，可谓龚自珍“不拘一格降人才”的先声。

作为当年宣南诗社的成员，林则徐和龚自珍尽管在科举问题的认识上有不同的意见，但这并不妨碍他们有着共同的人才观。实际上，在如何选拔人才、为国家和时代所用这个问题上，他们的理想是一致的。只是，林则徐作为宣南诗社当然的领袖，加之官运亨通，他对理想的实现有着和龚自珍不尽相同的目标和路径。也难怪，在杭州任职的时间虽然只有一年多，但杭州人民对这位后来蜚声中外的民族英雄感念至深，不亚于任何一位杭州历史上的官员。

写这首诗的一年后，震惊中外的第一次鸦片战争爆发，积贫积弱的中国从此陷入了半殖民地半封建社会的深渊。

写这首诗的两年后，龚自珍在饱含对国家、民族的深深忧患中去世。“我劝天公重抖擞，不拘一格降人才”的呼喊，成为一大部分力主改革的国家精英的共识。

写这首诗的五十五年后，中日甲午战争爆发，清朝惨败，变革书院、培养经世致用人才的呼声已现端倪。

写这首诗的一个甲子之后，光绪帝在康有为等变法精英的推动下，开始了维新变法。这场迟来的改革，虽然只维持了 103 天，但倡导学习西方，提倡科学文化，改革政治、教育制度，发展农、工、商等资产阶级改良运动，仍然为业已衰颓不堪的国家注入了新的活力。

其中，教育的改革，成为“百日维新”的重要内容：教育考试废除八股文，开办新式学堂吸引人才，翻译西方书籍，传播新思想……按照其中的改革大纲，这些改革措施只要坚持推行，一个不拘一格降人才的盛世局面必将到来。

尽管这首诗多年来都入选小学语文课本，但这首诗包含的复杂深刻的时代背景和国际局势，以及龚自珍本人的经历、心路和理想抱负却并不是每一位读这首诗的人都能理解的。要承认，人只有到一定年纪，才能领会很多诗作中的深意。大多数人尽管将这首诗背得滚瓜烂熟，但未必能真正从内心深处体会诗人饱满而刻骨的情感。

诗人虽不以教育家名世，但这首诗却完全可以成为一个甲子之后的戊戌变法中改革教育的纲领性宣言；诗人虽不是先知，但这首诗却以超越常人的慧眼，看到了国家和民族的积弊所在，并从根本上提出了改革良方，在一定程度上，这首诗也是国家改革教育的先声。

还记得《肖申克的救赎》里，那句经典台词吗：“有些鸟儿是注定不会被关在牢笼里的，它们的每一片羽毛都闪耀着自由的光辉。”现在，我们也可以这样说：“有些诗注定是不会被人们遗忘的，它的每一个字，都闪耀着时代的光辉。”

是的，这首《己亥杂诗》即便放在今天，也在闪耀着它时代的光辉。不要以为改革派失败，教育改革就会停步不前，在时代浪潮面前，再强大的保守派都不值一提，和大趋势对抗，无异于以卵击石、螳臂当车。

龚自珍生命的最后一年，先后在江苏丹阳云阳书院和杭州紫阳书院任讲习，对改革国家教育体系的想法，应是计深虑远。只可惜天不假年，时代没能等到他写出更多、更深刻、更直接、更富有真知灼见的教育改革诗文，而丹阳和杭州的这两所书院，也没等到他主事推出大刀阔斧的改革。

但在龚自珍之后，又涌现了一大批志在改革教育的大儒：

魏源在他的名著《海国图志》中提出了“师夷长技以制夷”的观点，主张以西方的科技知识作为国家培养和选拔人才的标准。他认为，鸦片战争的失败，皆因国家缺乏经邦治国的实用性人才，改革传统书院的教育模式，培养国家需要的科技、军事、外交和外语等实用人才，

杭州紫阳书院石刻

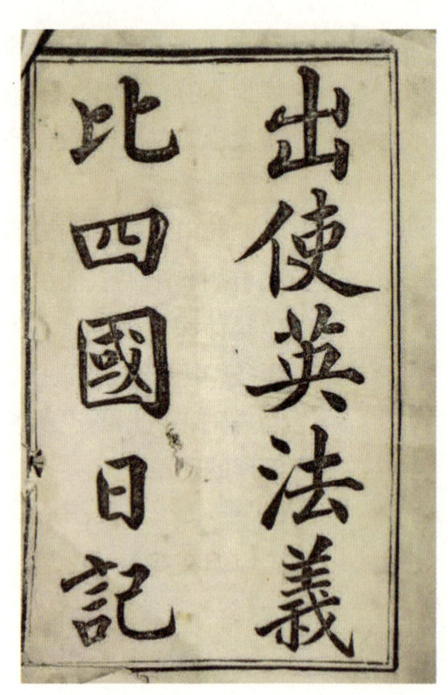

薛福成著作

已经迫在眉睫。

萧山人汤震在他的维新著作《危言》中，倡议效仿西方教育“厘整书院”，认为国家应重点培养出使之才、翻译之才、制造之才、法律之才、武备之才，同时按照艾儒略《西学凡》中的标准，改革传统书院，建设新的学校体系。

薛福成[①]有出使英国、法国、意大利、比利时四国的经历，深知中西差距，乃在于欠缺人才，而欲使人才振国，则必须改良教育。他提出，当前国家紧急需要“洞达时势之英才，研精器数之通才，练习水师之将才，联络中外之译才”，这种具体化的人才观和教育观来自于他的出使经验，可谓深中恳切。

而在戊戌变法后东渡日本的梁启超，则极力提倡“新

① 薛福成（1838—1894）：字叔耘，号庸盦，江苏无锡人，近代散文家、外交家。

民”人才的培养。他在《新民说》中提出了“新民”应具备的十八种素质，其核心，即在于强调中西会通。

龚自珍没能看到这些完全可以被他引为“知己”的言论，但他在《己亥杂诗》中的“劝”与“呐喊”，在数十年后终于发挥了作用。近代人才观在时代推动下生成，因人才观的生成而显现出书院教育体制的传统落后，也不得不主动迎来了改革。

光绪二十七年（1901），清政府颁布《奏定学堂章程》，传统书院被改为大中小三级学堂，中国近代化教育由此发端。在这一历史背景下，杭州的书院也迎来了改制。

西学东渐，融通中西，杭州现代新式教育理念得以催生，它不仅让不远万里而来传播教会知识的传教士在这里扎根四十余年，也深刻影响了浙江和杭州的地方官，他们合力推动杭州的书院改制，龚自珍的教育理想和九州人才观终于得以实现。

被蒸汽机征服了的巡抚大人

从上海到杭州，今天坐动车，不过一个多小时，但在一百多年前，传教士 Judson 和他的新婚妻子，却走了整整八天。

现在，按照 Judson 的音译以及杭州人民约定俗成的习惯，应尊称他为裘德生[①]先生。

裘德生先生到杭州的那一天，是清光绪五年（1879）十二月十二日。在杭州万安桥码头，他打量着这个陌生的中国城市时绝不会想到，他会在这里扎根四十余年，献出了自己宝贵的大半生。

他心心念念要在这里传播上帝的福音，而等他到了育英义塾后，才会心疼地发现，比起上帝福音，这些义塾里的孩子们，更需要学习他们不曾接触过的很多实用知识，也更需要了解外面的世界。

这些孩子以及那些曾经教育他们知识的很多老师，都像是长期关在笼子里的鸟儿，完全不了解鸟笼以外的世界。

在回忆录里，裘德生先生如是记录了这段思想斗争：

① 裘德生（1852—1931）：Judson 的中文名，美国长老会教育传教士，1886 年为杭州带来了第一台蒸汽机等。

我必须对自己在中国的事业做出抉择。当时摆在我面前有两条路：一条是进行福音传道，另一条是兴学办教育。北长老会属下有一个最初在宁波创办、后来搬到杭州的男孩寄宿学校——育英义塾（即育英书院）。办好这所学校，对我来说也是个挑战。经过反复考虑，我最终决定将自己所有的精力都用于办好这所学校。

为方便交流，裘德生先生在完成基础的中文学习之后，就开始将精力投入到义塾的教学管理和实践中，在他的推动下，义塾开设了实验教学课程，新建校舍之后，又有了专门的车间和实验室。为培养学生的动手能力，裘德生先生还开办手工课程，让学生掌握木匠技艺。

有一年，裘德生先生利用回国休假的机会，从美国带回来了一批实验教学设备，其中有一台蒸汽机，这是杭州城历史上的第一台蒸汽机。据说这些设备到杭州的时候，很多杭州市民闻讯前来围观。

这个东西怎么用的？有什么功能？

裘德生先生决定在三天后，在育英义塾进行一场公开的实验。他不仅开放实验现场，让杭州市民参观，还重点给杭州的一些文人学者发了邀请函，邀请大家共同见证“奇迹”。

在裘德生先生的回忆录里，这次实验现场被他生动地记录下来了：

那是七月份一个炎热的日子，他们身上都穿着绸长衫，手里摇着漂亮的绸扇子。蒸汽机的火点着之后，蒸汽开始冉冉升起，压力表也随之一度度地上升。

气缸顶部的一个安全阀在压力达到 70 度以后就会自动跳掉，然后放出蒸汽。我事先没有跟他们说明。当压力达到 70 度时，安全阀砰的一声跳了起来，发出可怕的嘶嘶声，浓雾般的蒸汽一下子冒了出来，在房间里弥漫。客人们吓得四下逃散，有的从前门夺门而出，有的从后门，还有的是从窗户跳出去的。我转动了节流阀，蒸汽机的嘶嘶声消失了，小马达开始以每分钟 250 转的速度转动起来，它转动得如此平稳，以至于肉眼几乎看不出它是在高速运转。我向客人们解释了安全阀的原理，并用皮带轮把马达与车床连接起来。客人们看着车床轻而易举、准确无误地将一根铁棍切削成一根有螺纹的螺丝杆，一个个惊讶得目瞪口呆。

这些士绅们从此成了学校坚定的朋友，后来还帮助学校教授一些跟科举考试有关的一些中文科目。

让裘德生想不到的是，随着慕名而来的“文人学士”和杭州士绅越来越多，他在光绪二十二年（1896）迎来了两个大人物：时任浙江巡抚廖寿丰[①]和杭州知府林启[②]。

这是又一组省市官员兴学的黄金组合。

他们虽然官职有高低，但是，在顺应时代变迁、改革书院体制、培育新式人才的想法上却不谋而合。两人上任后就对裘德生先生的新式教学法，尤其是实验教学给予了极大的关注，对这些来自欧美诸邦的“洋教习”倡导的实学课程，他们都一致报以支持和响应的态度，并急于用于实践。

作为身处时代变局之中的地方大员，廖寿丰的开放教学思维其实早有流露：他是坚定的维新者，虽然没有

①廖寿丰（1835—1901）：字谷似，福建龙岩人，精通数学和历算，杭州近代教育开创者之一。

② 林启（1839—1900）：字迪臣，福建福州人，参与创办求是书院、蚕学馆、养正书塾。

机会成为维新变法的中坚力量，但在多年地方主政实践中，不遗余力推动地方行政事务的除弊革新，尤其是在改革教育体制上，每每有深刻而颇具见地的改革思想。在履新浙江巡抚之后不久，他就给光绪皇帝上了一道奏折，力主兼课中西实学，尤其是欧美诸邦的船学、矿学、种植学、制造学，都是讲武、训农、通商、惠工的实用之学。廖寿丰的这个眼界，当然是开阔的。

而更让廖寿丰震惊的是，传教士裘德生当年不远万里带到杭州来的那些所谓“奇技淫巧”，正是中国当下最为稀缺的。假如能通过学堂教学启发更多中国人的创造，那么，积贫积弱的中国，必将迎来振武自强的新时代。

必须放下身段，向西洋人学习。

听了那场让杭州士绅开始夺门而出，继而瞠目结舌，最终为之折服的蒸汽机实验的结果后，廖寿丰对西洋人的各种技术的态度大为改观。但听闻还是不如亲眼所见，对廖寿丰而言，“眼见才能为实”。

而且，在那个时候，并非有多少中国人有这个“眼见为实”的机会。

于是，巡抚廖寿丰决定带上林启，以公开的身份拜会裘德生先生。

“你们，看着很面熟？”裘德生先生用他并不流利的中文问道。

“先生几年前的那场实验，实在让我等涨了见识。”事先既已决定公开身份，林启索性也不隐瞒，一一告知了身份和来意。

“两位大人好。”裘德生先生按西方人的习惯，向廖林两人致以问候之后，又俏皮地说，“按照你们国家的习惯，我是不是应该给你们下跪？”

“不敢受先生此礼。”廖寿丰和林启连忙拱手致意。

“那么，两位大人是想亲眼看看？”裘德生先生问道。

“不特如此。”廖寿丰道，“我等此来，专为请教先生几个问题。美西开国，积淀未深，缘何近世以来，每以先进技艺远超我国？此其一。国民弱则国家弱，经济弱则外交弱。中国欲强，要在强其根基，先生以为，根基何在？”

这段半文半白的提问，裘德生经过自己的理解和义塾翻译已然明白，他能领会得出两位大人出于赤诚的提问。来杭州日久，中国的问题他已看得了七八分，在他看来，教育问题，中西是没有门墙的。中国这个大国家，几千年来经历的教育发展和变革，恰是美国所没有经历的。这是优良的传统，可在美国人看来，又何尝不是包袱。现在，是到了甩下这些不好的包袱、轻装上阵学习的时候了。

“美国是一个新兴的国家，没有那么多包袱，它所有发明的出发点，都在于希望快速地解决生活中遇到的各种麻烦。而你们不同，总觉得那些历史的东西是祖先传下来的，不仅不能轻易丢掉，而且还需要花大力气让它们传下去。这是我们的差别所在。”

“包袱？”廖寿丰和林启听到这个词之后，面面相觑，似有所思，但他们并没有打断裘德生的讲话。

“对的，就像你们的科举，它就有很大的问题。教育的目的，不仅仅是让这些孩子们将来当官，而是让他们掌握解决各种麻烦的技能。我们相信，只有先解决了生活中的麻烦，国家遇到的麻烦才会有迎刃而解的机会和可能。在我们的国家，个人的能力，首先是为生存需要而提高的，而不单纯是为了国家的需要而提高的。当然，你们也可以这么理解，个人的生存需要和国家发展的需要，息息相关。”

廖寿丰和林启从没有听过这样的言论，两人像恭敬的学生，端坐在裘德生先生前，继续听他讲话：

“我到杭州已经有好几年了，义塾让我看到了很多中国的问题，尤其是教育的问题。正如大人所讲，中国要强大起来，必须提高国民素质，而这个问题的基础，就在于办好教育。虽然有很多国家和很多人，在打你们国家的主意，想欺负你们，拿走你们有价值的东西，并从中得到利益和好处，但是事实上，还是有更多人愿意无偿地帮助你们，比如教育，这是一个让全人类受益的事业。这个事业里，没有国家和种族的区别，只要把桥梁打通了，这样的帮助就会成为你们自己的一部分，就像你们曾经帮助过我们以及世界上的其他人一样，那些帮助最后也成了我们的经验与能力的一部分。这个世界本该如此，不是吗？”

“先生这番话，真是醍醐灌顶，让我等茅塞顿开。”廖寿丰感叹，今天这次拜访真是受益良多，“如此，浙江省与杭州市的教育改革大业，要劳先生支持了。”

“我很愿意贡献我的力量。还有，我很喜欢杭州，很喜欢西湖。”裘德生先生最后提出了一个请求：“你们能否支持我，参加一个实验，因为，你们是父母官，你们的参与，比老师更有示范意义。”

林启回道：“先生的实验，我们理当支持。”

“如此便好，三天后，我请大人参与放电。”

“放电？”廖林二人再一次面面相觑，不知道裘德生这个洋教习手里，还有多少稀奇古怪的实验在等着他们。

杭州近代史上的超级名校诞生记

三天后，廖寿丰和林启应邀来到了育英义塾，参加由裘德生先生主持的实验。

在他的回忆录里，这场实验看上去险象环生又妙趣横生：

> 我带回来的东西里有一台静电机器，它能够放出三四英寸长的电弧。一天，有三四个官员应邀到学校来参观，一位客人被请求坐在一张绝缘的凳子上，他身上通电以后，我用手指触碰他的耳朵、鼻子和身体的其他部位，每碰一下就会跳出电火花，他惊跳起来。我用调羹盛上酒精请他碰一下，他一碰调羹，便产生电火花并点燃了酒精。这个实验对于这位文人出身的官员来说有点过分了，他从凳子上站起身来，不知所措地喃喃自语："稀奇得很……"做这种试验的目的是为了让他们了解这个学校在教授一些什么样的课程，并且消除他们的偏见。在这一点上我们没有失望，这几位文官经常访问我们学校，并且在后来创办他们自己的学校时，也以我们的学校作为模本。

坐上这个实验凳子的，正是杭州知府林启。他能以身涉险、参与实验，让裘德生先生非常感动。

“我知道，这样的实验，让您这样的官员参加非常冒险，我很感谢您的信任和支持。”裘德生先生说。

“不不不，这个感觉太奇妙了，我们的学生，理应得到这样的体验。”林启还没有从这次实验得到的刺激中反应过来，他后面的话显然就已经有一点失去逻辑：“我可以证明，廖大人也是相信的。”

廖寿丰并没有参与放电，他怎么相信呢？林启这句话，是他对裘德生先生及其义塾教育的无限信任，更重要的是，廖寿丰确乎在林启说完话之后，补上了这样一句话：

“我们信任先生，想以义塾为参照，办这样求实在的学校，请先生支持。”

在廖寿丰和林启的计划里，新建一个杭州新式学校的想法早已经成熟。在写给光绪皇帝的奏折里，廖寿丰

求是书院

是这样筹划的：杭州旧有的敷文、崇文、紫阳、学海、诂经、东城这六所学校，应根据时代需要进行改并。我跟其他地方官员商量了之后，决定将普慈寺后现有的房产翻修后，专设一院，取名求是书院，杭州知府林启为总办，再聘请一个西人为正教习，主要教授各种西学；另外聘请两位华人教习，一个教授西文，一个教授算学；然后再设置一位监院，管理求是书院的一切事宜。

自此，求是书院整合敷文书院、崇文书院、紫阳书院、诂经精舍、学海书院和东城书院六所书院的办学资源和办学力量，成为杭州近代史上第一所超级名校。

廖寿丰意欲聘请裘德生先生为求是书院的西学总教习，没想到裘德生百般推辞：

“我在育英多年，对学生们感情很深，并且我早已习惯了这里的一草一木，我是不愿意离开这里的。说到西学总教习，我倒是有一个合适的人选。”

“可是王令赓①先生？”廖寿丰问。育英义塾改了书院，陆续也来了一些外籍讲习，王令赓先生是裘德生先生的美国同乡，又是书院不多的外籍讲习，廖林二人和他们多有接触，因此不难猜到。

“正是。他的学问能力不在我之下，最重要的是，他比我年轻。求是需要的西学仪器，他都可以提供，这样，两所学校完全可以实现教学共享。”有求而不应，转而推荐其他人选，裘德生看来早已有了成熟的想法。

对这样的举荐，廖寿丰自然认可。在他看来，西学总讲习，只要由美国人担任就好，裘德生盛名之下，虽然请不到，但到底还是继续留在了杭州。王令赓虽然是“退

①王令赓（1869—1963）：E.L. Mattox 的中文名，美国传教士，之江学堂校长。

而求其次”的人选，但开辟新局面，正需要新人一展拳脚，说起来也算得上是一个好的开局。

接下来，在制定书院管理制度、择优招生、课程设置、教学方法和考试方式上，都体现了中西融通的新式学校的改革思想。

廖寿丰强调生源需无嗜好和习气，行谊笃实、究心实务。每月教习以朔日课西学，总办以望日课西学，年终由书院通校各艺，分别等第：勤者奖，惰者罚，不率教者斥，优异者存记。

为广泛吸收西方的信息，书院还选翻译译述各种有用之书，举凡英文、物理、化学等西学学科，皆在课程设计内，并由王令赓负责。其中，物理、化学等教科书，即采用美国中学课本的翻译本，基本实现了这些学科教材的中西同步。

不仅如此，求是书院还选派学生到国外留学，所需经费，一概由杭州府公费资助。求是书院开办的第二年，即公元 1898 年，在知府林启的资助下，何炳时等数位高材生被送往日本留学。求是书院改称大学堂之后，又有 28 名高材生被送往日本留学，其中，不乏蒋尊簋、蒋方震、许寿裳等后来的名人。

聘西学讲习、翻译引进西学教材、开设西学课程、官派留学，这些重视西学的举措，使求是书院在杭州标新一时。20 世纪之交，处在急剧变革大局中的学子们，也因此有了打开眼界、走出国门的可能。

从这个意义上来讲，当时的求是书院更像今天的国际学校，但在一百多年前的杭州，却不能说是一个伟大的进步。其他各省派出公派留学生赴日留学，都是深受杭州求是书院影响之故。

而裘德生先生也不忘他的承诺。

他甘愿做打通美国和中国教育的联系人，并成为杭州西学教育实际上的开拓者。他源源不断地从他的家乡带回了无线电报机、X光机、发电机引擎、气压表、显微镜等实验教学器材，极大地拓宽了杭州求是书院学生的视野。

他的西学实践不仅让杭州地方教育较早得西学风气之先，也让他得到了具体的实惠。多年后，他离开杭州，取道上海回美国。从杭州到上海，因为有了沪杭甬铁路，他乘坐火车只用了8个小时，这和他当年来中国，从上海到杭州走了整整八天，真是天渊之别。

王令赓先生则继续在求是书院任教。后来，求是书院更名为之江学堂。再后来，它成为今天的浙江大学。“求是创新”，是现在浙江大学的校训，“求是”两字即从求是书院这段历史而来，而“海纳江河、启真厚德、开物前民、树我邦国”的十六字浙大精神中的“海纳江河”，不正是求是书院当年发力西学的宏阔气象吗？

“关于近代史，我们在历史课本里听到太多的中西之间的战争、枪炮、侵略、敌对，大塔儿巷里的书声如此微弱，早已被敌视淹没，被抹去。裘德生们在杭州倾力办学的故事，消失在某种固定的历史叙述中，个人所做的一切都消解了。”这是一位名叫林之的作者，对裘德生在杭州办学历史的感叹，裘德生并不为今天的杭州人所深刻了解，这是事实，但是，他所做的一切并没有被消解，也不可能被消解。

安定中学堂招生了

现在，再次回到诗人袁枚曾经住过的葵巷，会发现这条在杭州历史上并不起眼的街巷，实际是杭州很多大人物和大事件的见证者。

在清光绪二十七年（1901）的秋天，它还见证了一个大事件的诞生。

几个月前，清政府全权谈判大臣奕劻、李鸿章，在北京与英、美等十一国公使签订了《辛丑条约》。彼时，作为杭州人的胡乃麟①尚在湖北经商。他忧心国家前途和民族未来，乃投书杭州俊彦陈叔通②，询问救世救时之道。陈叔通其时虽只有26岁，但少年老成，眼界宽阔，深知国家民族之前途，乃在于教育维新。而商贾报国，兴学乃是首选。于是他晓之以理，动之以情，劝胡乃麟父子买舟而下，回杭州共商兴学大计。

胡乃麟父子行前，杭州耆老、曾任贵州学政的杨文莹即向浙江巡抚任道镕陈情，许以葵巷原敷文书院讲庐作为开办新式学堂的基础。任道镕虽已到杖朝之年，但人是清醒而开通的，对胡乃麟一支出于胡雪岩家族的财富实力以及实业报国的一贯行为也十分了然，对这个动

①胡乃麟：胡雪岩族人，商人、实业家，浙江安定学堂发起人和捐资人。

②陈叔通（1876—1966）：名敬第，浙江杭州人，中国政治活动家，爱国民主人士。

议自然没有否定的理由。

胡乃麟父子到杭州稍作安顿之后，就在杭州地方士绅的陪同下到蕤巷考察。

“如我没有记错，胡先生家族应出自北宋理学家胡瑗一脉。”寒暄一过，陈叔通便问道。

“后辈不才，仰赖先祖之德，只是可惜未能继承遗志，干了这经商的营生。”胡乃麟呵呵一笑，话语中大有惭愧之意。

“先生何须汗颜，今日主动捐资兴办新学，不正是继承安定先生教育遗志吗？”陈叔通安慰道。

“话虽如此，到底和先祖学术示范不可相提并论。助学只是资本出力而已，而真正的学高为师，我们这些只懂经商的后辈，是做不到了。”胡乃麟又是一声叹息，说话时，他同时看向儿子胡焕，那眼神里，有勉励，也有切责。

“先生不必担心，我已给你物色了一个合适的人选。”陈叔通说，“这个人先生或许听说过，也是杭州人，是求是书院教习，中西学问都有，年前新办《杭州白话报》，影响很大呢！”

数人在蕤巷现场踏勘，吸引了不少围观的杭州市民。何处建学堂？生员规模多大？教授哪些西式课程？既是规划，也是畅想。约略听得大体消息的一位市民还当场来问胡乃麟：“这位大人，小老敢问，这所新学堂，穷人家子，可否来读？”

他见这一干人等衣饰非凡，虽没有卫兵开道护卫，但仍颇有威仪，其中的胡乃麟被围在中央，定是出来微服私访的官员了，所以斗胆上前询问。

这一问，倒让胡乃麟生了个不大不小的尴尬。答呢，自己算是承认自己是大人了；不答呢，又当面让杭州父老下不来台，答与不答，委实难办。

犹豫之际，倒是一旁的陈叔通眼明嘴快，他代胡乃麟答道："既办新学堂，当然要有新思维。但凡是适龄学生，不分贵贱，都是要招录的。"

方说着，突见一着新式服装的青年疾步向众人走来，陈叔通忙笑着对胡乃麟道："'曹操'来了。"

这青年和陈叔通年龄仿佛，却别有一番朝气，正是陈叔通欲向胡乃麟引荐的维新派人物代表项藻馨①，因他字兰生，陈叔通便称他兰生："兰生正当青壮，又通晓西方教学理念，正是新办学堂合适的监督人选。"

项藻馨听陈叔通夸赞，并不客套地逊谢，而是当着众人的面发了一番宏论："所谓少之所习非壮之所用，这话是我早年说的，并不单纯批评官员出身，而是从大处着眼，思考国家教育的弊端所在。为今之计，是既要官当其材，更要事核其实。在我看来，没有什么比办实事、培养为国家所用的人才更重要的事了。"

"项先生高见。只是如何落实这一个'实'字？"胡乃麟这一问，或许也有考校的意思吧。

"我们中国人闭目塞听久矣，但总有一些人在努力睁大眼睛看世界。诸位实在不知道，西方国家的教育已经是怎样的一番模样，我们还停留在文以时文八股、武以

①项藻馨（1873—1957）：字兰生，浙江杭州人。1905年至1906年7月间任浙江高等学堂监督。

弓矢刀石的阶段。所以但凡与西人交兵，莫不惨败。反思其中问题，正在我们的教育‘虚浮’。我以为，所谓实，要在经世致用、实际需要。西国之教育模式，近来通过传教士传习、翻译文献介绍，已渐为国人所知。至于那些因各种原因留在我国的西人，其实大都可以择而为良师，不必单从旧的书院讲习里选取。我们要拿来主义，是因为人家毕竟领先于我们。我们也并不需要客气，因为这毕竟关系到国家和民族的未来。我们今天不拿来，难道还等着西人再一次用枪炮把我们打醒？”

一番话说得众人沉默不语。国弱民贫，这是这些年大家都亲历了的。洋枪大炮对弓马刀石，这样的场景看上去滑稽，想起来怆痛，一个国家积贫积弱到这个地步，焉能不时时处处挨打受气。知识无国界，那些国人较少接触到的自然科学和社会科学知识，会聚变产生出惊人的生产力，从而推动一个国家从整体上显得更有力量，这就在事实上形成了一种教育理念和教育模式的倒逼：继续八股时文，继续挨打受气；拿来改造推广，假以时日，便有了平等对话的能力。

葵巷考察回来，胡乃麟和项藻馨又有了几次交谈，对新办学堂的想法也越来越成熟。胡乃麟已经下定决心，从自己多年经商所积累的财富中，拿出银洋 68000 元，作为办学基金。其余聘名师、招生徒、定学规的事宜，就全权委托项藻馨。

大计既定，便需践诺守约。项藻馨是维新人物，胡乃麟又多有商海经历，两下商议，便在众人见证下，按照新式思维，签订办学合同。

“先生先祖籍出安定，又有安定先生教育示范在前，新学堂就叫安定中学堂吧。”合同签毕，项藻馨提议道。

众人道好，胡乃麟自然也就不推辞了，补充道：“学堂重在务实，还要劳烦监督定个校风，以安师生。”

“我早已经想好了，就是‘务实质朴、扎实有效’八个字。”

“八个字就有两个‘实’，第一个‘实’是学风，第二个‘实’是教风。师生都务实，学堂乃安定；学堂安定，杭州乃安定；杭州安定，中国必安定。”项藻馨的补充解释，已经有了强烈的革命情绪。也难怪，在他的这种气质影响下，日后的安定中学堂，果然带出来了无数为国家兴旺、为民族发展而前赴后继的革命者。

言罢，项藻馨高昂的革命情绪还没有降下来，他吩咐人备好纸笔，他要当仁不让，为这新学堂未来的师生们，题一幅振聋发聩的联语。

笔墨既备，但见项藻馨笔走龙蛇，众人跟着他的书写，一同朗声念道：

“是社会中坚，是国民先导，责任重丘山，我辈敢亏职守？正成德年龄，正达才时候，光阴争顷刻，诸生毋自蹉跎！”

有抱负，有理想，有责任，有期待，更有新式学堂的创新思维。胡乃麟明白，这个学校的“校长”应该是选对了。

次年六月，在浙江省和杭州府的两级官员的支持下，在胡乃麟充足资金的支持下，安定中学堂正式招生开学。学校规定三年内完成学业的学生，可直接送京师大学堂预科肄业。

似乎是一种呼应。前一月，英国人李提摩太和山西巡抚岑春煊共同创办山西大学堂，山西大学堂由此成为继京师大学堂之后，第二所国立大学堂。

紧随其后，张之洞在湖北武昌创办湖北师范学堂。所教师范课程，除普通学科外，另加教育学、卫生学、教授法、学校管理法等科，日课以 8 小时为率，专门培养中小学教习。

而早在这一年的三月，蔡元培、蒋智由、章太炎等在上海发起组织中国教育会，以借办教育之名推进革命。到了这一年冬，中国教育会在上海正式开始了改良教育的伟大历程。

到了这一年的七月十二日，由京师大学堂管学大臣张百熙进呈的《京师大学堂章程》《考选入学章程》《高等学堂、中学堂、小学堂章程》以及《蒙学章程》六件关系教育的文件由清政府颁行，由国家总其纲领的中国近代学堂教育体系由此形成，而由商人胡乃麟资助建立的杭州安定中学堂，成了地方近代教育体系先行先试的一个样板。

安定中学堂，就是今天的杭州第七中学。

众筹办学：灵峰精舍的传统回归

评价一个人，常讲“盖棺论定”，是因为他从离开人世那一刻开始，就没有了动态生变的可能。

那些对一个人生命过程中的评价，通常显得有些操之过急，或者说，被赋予了某个特定的利益立场。

即将在最后的这个故事里出场的这位人物，尽管在历史进程中，他被责难甚至责骂过，但如果盖棺论定，他还是值得给予肯定的掌声。

有人评价他：“灵峰先生的一生是保守乃至逆历史而反动的一生，但却是极其爱国力主抵抗西方列强瓜分中国的一生；是官场不得志、学界又遭弃的一生，但又是创办灵峰精舍、传播理学、桃李满天下的一生；是木瓜脑袋、冥顽不化但又是极具傲骨、不畏权贵的一生。”①正是理性客观、一分为二的态度。

故事还是从清宣统元年（1909）说起吧。

那一年的夏天，富阳人夏震武②被公举为浙江省教育总会会长，并很快出任浙江官立两级师范学堂监督，实

①《灵峰精舍与木瓜之役》(三)，《富阳日报》2015年10月1日，第15版。

②夏震武（1854—1930）：字伯定，号涤庵，富阳人，清末官员、学者。

浙江两级师范一进校舍及樱花树（老照片）

际就是今天通识的校长。夏震武的前一任，是后来著名的救国会“七君子”领头人沈钧儒。沈先生因担任浙江省咨议局副议长而辞去校长职务，这个空出来的校长职务经过公举，就落到了夏震武身上。

身处新旧交替之际，传统思想与新思想之间，不免有争论甚至斗争，在教育问题上，这种新旧碰撞尤其明显。书院改制，杭州各级书院逐渐被新式学堂所取代，但西方教育制度与模式的快速落地，并非让所有国人照单全收。

夏震武是清同治十三年（1874）进士，是科举制的受益者。但在他出任浙江官立两级师范学堂校长的三年前，政府宣布废除科举，停止全部乡试和会试，学校教育和科举取士从此完全分离。夏震武并不认为废除科举制即要全面推翻一千多年以来的书院教育模式，作为最后一批理学家，他坚持认为新式学堂和老师们，即便教授西方新课程，但作为中国人，仍应遵循传统教育思想，尊经尊孔，不废礼仪。

推行“谒孔礼”和官场“庭参礼”成为夏震武和教师之间的矛盾触发点。“谒孔礼”尚可接受，但倒行逆施要搞官场那套下属见上司的“庭参礼”，则让教师们断难接受,教务长许寿裳和青年教师鲁迅反应尤其激烈，带头和夏震武斗争。以鲁迅大无畏的战斗精神，他倡导的斗争方式便是向当局请辞。双方斗争了半月之久，浙江巡抚增韫迫于教师们的集体力量，只好让夏震武辞职。

夏震武辞职后，转教京师大学堂。不久，民国肇造，他便以遗老自居，回到家乡富阳，收徒讲学，以光大理学为己任。

在尊西崇新的大背景下，夏震武矢志理学传统，以承继道统自命，的确在当时显得有些另类。

但他到底是影响一方的宿儒，在新旧交替的时局背景下，总有一些势力打他的主意，希望将其拉入自己的阵营，以为自己所用。

民国元年（1912）年底，新任浙江都督朱瑞就找上门来，希望夏震武出山。

朱瑞其时新投袁世凯不久，又正当而立，经历过革命的洗礼，见识过枪林弹雨，所以颇有些赳赳武夫的气势。面对夏震武，虽然以晚辈的身份见了礼，但一身戎装，又带着随扈的几位新军，因此看似是请夏震武出山，实则有些威逼的意味。

“如今民国肇造，正是用人之际，夏公名动天下，正该出来为国家做点事。”朱瑞的话说得恳切，但他显然忽略了提前做功课，那就是分析夏震武回到富阳后的心态变化。

“鄙人对民国是不认同的。”夏震武并不曲意逢迎朱瑞和他背后的新政权，“我坚持我的观点：用夷变夏、孔耶合一，以成今日平等自由、革命立宪、废三纲、灭五伦、无父无君、乱贼夷狄禽兽之祸。”①

“听夏公的意思，是不太认同民国的体制啰？”朱瑞显然有些不悦，问道。

“共和制国家是夷狄之制，非华夏所宜。”夏震武是不会给这个新贵面子的了，所以回答得也很干脆。

“那夏公是抱定决心，做清朝遗老了？”朱瑞还是不甘心，继续道，“如今清朝已亡，时局毕竟变了，夏公要做遗老，恐也不易吧？”

学生张绍价多年跟随在侧，这时候急忙给夏震武递来眼色，那眼色再明白不过：“至刚易折，老师您还是委婉一些吧，不要开罪这些新贵了。”

“清亡乃必然，鄙人之隐居富阳，并不是为清政权守节，至于叫不叫遗老，这并不重要。”夏震武并不理会张绍价的提醒，反掷地有声地道，“儒者之出处，为道计、为国计、为民计，非为一姓一家计；儒者之守节，为道守、为国守、为民守，非为一姓一家守也。”

“夏公既不为亡清守节，又不应民国之招，当今之世，难道还有第三条路可选择？”朱瑞不明白，夏震武的顽固究竟出于何种思虑。

夏震武哈哈大笑道：“都督眼中只有亡清与新民国，

①语出夏震武《复高熙亭太常（辛亥）》，《灵峰先生集》卷四下。

哪里知道数千年来儒家构建的三代先圣先王之道德理想国的存在，鄙人的第三条路即在于此。”

“可这个理想国毕竟虚幻。”朱瑞心想，此番真是兵爷遇到秀才了，简直说不到一路。

“不然，此道数千年而下，已证明不虚。鄙人早有宏誓，‘出，则救天下以政；居，则救天下以学’，现在是居以救天下之学的时候了。”在夏震武看来，他和朱瑞也说不到一路去，所以不如干脆果断地结束谈话，端茶送客吧。

朱瑞已经想站起来走人了，但他还是不忘使出最后一招，这一招，就是“图穷匕见”，请不动，干脆就威胁了：“夏公志向高远，只是当此乱世，未必能安得下一张书桌，即便是教书，有所投靠难道不是明智之举吗？”

张绍价这回终于坐不住了，他赶紧趋前向夏震武道：“先生之教，固以传统理学精要为主，但也不妨请些名师，教以革命维新之道，以为民国培养可造之材。”

对学生的这番软谏，夏震武不是没有考虑，但他自辞职归家以来，对将来的办学理念以及教学方法，早已思虑成熟，他就是要做一个“先圣先王之诗书礼乐，不敢须臾以离”，以复兴“三代之治”为目标的遗老，只是，这个遗老，不是效忠亡清的，也不是效忠民国的，而是效忠这个民族和它的人民的。所以，他这个遗民，不是清之遗民，而是神州之遗民。“鄙人要投靠的，是先圣先王的三代之治，鄙人要教的，是遵循三代之教的坚守传统者，相信自有人襄助。道不同不相为谋，朱都督还是请回吧！”最后，夏震武几乎是严词逐客了。

朱瑞拍案起身，随扈的新军端起了枪支，剎那剑拔弩张，吓坏了张绍价。空气似乎凝固了几秒钟，看着端坐主人位置上的夏震武一副凛然不可侵犯的样子，朱瑞扬了一下手，带着几名新军走了。

“此番得罪了他们，将来办学，怕是很难得到他们的支持了。”张绍价心有余悸地道。

“要他们支持作甚？”夏震武道，“你且记住，从今往后，但有来投学者，可不囿于年龄、性别乃至国籍，不收学费，但须着古装、守礼制，笃信孔孟程朱之道，此外，还须勤于劳动、自给自足。”

拒绝朱瑞等权贵之邀，以弘扬三代之治为目标，这让夏震武的盛名从富阳而至浙江全省，很快传到全国。学生们用脚步丈量出了处于新时代中传统教育的价值，他们纷纷慕名而来，拜在夏震武名下，有些甚至不远千里，只为求得夏先生的教诲。

随着生徒的增多，到了1918年，建设书院的事宜便被追随多年的刘可培、张绍价等提了出来：

“今天的局面，虽然新学成风，但传统书院教育不可毁弃，先生高名大旗在此，一人呼则万人应，建精舍扩生员，应及早着手了。”

“理虽如此，但如此大规模建设，经费之筹集，谈何容易。”夏震武不无忧虑地说，“尔等追随甚久，我的经济状况，自然是知道的，可要是让我去求那些军阀或者不成气候的政府，我是不愿意的。”

“筹款一事，不劳先生费心，我辈学生中，许多家有薄资，每人捐助一点，总可以先行开局。”刘可培理解夏震武的心曲，提出了由学生筹款办学的新思路，本以为夏震武会认可，没想到夏震武坚决反对：“此议决不可行。想我夏震武虽然寒素，但断不至于让学生筹措办学所需之经费。我夏家祖上尚留有一些房屋田产，且待一些时日，看看能否变卖作资。”

刘可培和张绍价面面相觑，知道劝也无用，只好作罢。两人一面为先生毁家办学的义举所感动，一面继续悄悄地在学生群体中发起捐资。

学生群体中，还真有附近州县以及外省慕名而来的富家子弟，知道夏震武要变卖家产，都十分感动，于是驰书家里，要来大笔资金，悄悄交与刘可培二人。

眼看一个多月过去了，刘可培和张绍价觉得时机成熟，便再次向夏震武询及建精舍一事。

“当此乱世，这些房屋田产竟贬值如斯，实在出人意料。”夏震武一声叹息，“可即便我索价如此低廉，那几家富家大户临了还是放弃了。”

刘可培和张绍价不敢回应，只是互相打了个眼色。原来，上次和先生谈话后，他们几个学生便暗地里跟富阳的几大富户作了私下沟通，嘱咐他们假如夏先生上门商议变卖资产，假装虚与委蛇即可，万不可真正成交。

那几家富户和夏家世代生活在灵峰里，平素十分敬重夏震武的风骨、人品和才气，对于捐资办学，本已有意成全，加之更不忍让夏震武为办学变卖资产，索性顺水推舟，一面与果然施施然而来的夏震武周旋，一面悄悄捐了一大笔资金给主事的刘可培。刘可培和几位牵头募集资金的同学一商议，便决定编了这么一个故事给夏先生听：

“说来也是怪事，前日从杭州来一位富商，说是慕先生之名，我和绍价还说将他引荐给先生，可这位富商二话不说，送上一张银票就走了，只吩咐说建好精舍，届时他还要来巡视。”

“如今尚有这等有情义之人，岂不是咄咄怪事！”数年前，在师范学堂和老师们相互不妥协而引发的那场斗争至今还让夏震武耿耿于怀，他一度以为国家全面维新之下，传统教育再无发展机遇。可多年实践下来，越来越多的追随者，还是让他感觉到了“吾道不孤”，如今，更有杭州富商豪掷千金，只为成全他的兴教图强之梦，这实在让人感动。“可培，你告诉我，他捐了多少？”

刘可培忙递上早已备好的银票，夏震武接过银票，对具体数目虽然早已有心理准备，可一旦清清楚楚看到“十万元”三个字时，还是被震惊了。

“此人可留有姓名？”夏震武追问到。

“未曾留下姓名，只说家中累世经商，现今国家需要，教育图强，正是需要商人出力的时候。”刘可培答道。他想，这应该也是这些捐资的人，共同的想法吧。

“有此商人，吾道必不孤，吾国必定强。可培、绍价，且效法此公，张榜募资，建造精舍。”夏震武心中障碍既除，捐资兴学便成了夏震武这个主事者公开的意志和决心，他自己呢，虽然不至于再去折腾变卖家产了，但多年来为官从教所积累的上万元资金，自然率先捐出来了。

当刘可培在“灵峰精舍”捐资表上第一栏写上“夏震武”的名字和金额时，夏震武知道，当年在师范学堂所受的那些“屈辱”，已经化为尘烟了。

他明白，不管这世道怎么变，新的冲击如何迅疾，根植于这个民族的传统精神，总是有它顽强的生命力和号召力的。他相信，他的束发古装，也并非刻意与时代和趋势作无谓的对抗，仅仅是出于对传统精神的仪式化敬畏。

如果没有对传统精神的敬畏，任何维新都会失去基础。现在，是到了再次用传统精髓，唤醒学生和民众的时候了。根据他的规划，书院的教学以理学为主，下分经义、礼制、乐律、文辞、历史、政治、兵法、舆地、历科等。教学之余，书院还恢复了传统的祭祀，以此恢复儒家古代礼仪，反抗西方文明对儒家文明的冲击。

风流云散，否极泰来，“三代”盛世终会再来。这是夏震武的理想国，也是传统书院在杭州最后的高峰。

气势恢宏的灵峰精舍讲学堂建起来的那天，夏震武庄重地束发古装，在刘可培等人的陪同下，兴致高昂地前去瞻仰巡视。

“禀先生，自日本学者不远千里来学之后，前日又有朝鲜、越南等国的学者慕名而来。”灵峰精舍越来越强大的传统书院教育号召力让刘可培掩饰不住自己的欣喜。

“此三国向来倾慕吾国孔孟程朱之道，理学引流，传统回归，自在想见之中耳。”夏震武也被这一消息所鼓舞，但也不忘他时刻存于心中的警醒，这警醒，实际也是他对传统回归的一种态度：“只是须得告知尔等，既入灵峰精舍，必遵循束发古装之要求，一言一动，也必以洛闽理学为门户，以洙泗为堂奥。”

在精舍正厅，夏震武一一巡看正祀的孔子像和颜渊、曾参、子思、孟子及宋代理学家周敦颐、程颢、程颐、张载、朱熹等配享大儒的群像，似有所思。

“此处当留一配享位置，以备将来之用。”夏震武对刘可培等人道。

“是，先生百年就道，如我等尚在，必定塑像以祀。”刘可培略作思索，便似乎明白了夏先生的意思，但他这么一回答，实则便误会了夏震武的意思了。

“不知道杭州那位先生，今日是否要来巡视。”夏震武明白刘可培误会了他的意思，却并不点破，而是转身走出正厅，一边往外走，一边自言自语道。

他想，刘可培应该明白他的意思了。

此刻，刘可培和张绍价确乎恍然大悟了。他们明白，那位莫须有的“杭州商人”是不会来了，可留一个配享的位置，倒确实是一个极好的提议：如果这些捐资兴学的人，可以群体性存在的话，他们是有资格作为可能的配享，让后来的学子们记住的。

尾声：千年回望

要下雨了。

我无数次看过雨西湖的样子，可无论我看过多少次，我都觉得看不够。

平心而论，我并不挑剔西湖的样子。浓妆还是淡抹，天晴或者下雨，花开还是花谢，什么时候，西湖都有它动人的风致。

你们得沉下来，用心去感受，而不是只用眼睛去看。眼睛有时候会欺骗你，可心不会。

还想听故事？

很遗憾，到今天，这场西湖边的辅导课，就该告一段落了。同学们，新的故事，要靠你们去讲了。

这没有什么舍不得的，同学们。人事有代谢，往来成古今，江山留胜迹，我辈复登临。这首孟浩然的诗，你们应该还记得，现在，我背给你们，权当是我的赠别。

水落鱼梁浅，天寒梦泽深。羊公碑字在，读罢泪沾襟。嗯嗯嗯，后面这四句，就不必背出来了，毕竟，它不太符合我们今天结束这堂辅导课的气氛。

如果一定还要我作个总结，我就用毛主席这句大家耳熟能详的词句作为我的总结提纲吧：江山如此多娇，引无数英雄竞折腰。

你们看，从唐宋到民国，一千多年的历史，我们略作回望和梳理，便会发现，围绕杭州的书院和儒家文化这一主题，这场辅导课里，每一个出场的人物，都是这千年时空里一颗夺目璀璨的星星：

翁洮、范仲淹、王安石、苏轼、胡瑗、朱熹、辅广、黄幹、詹仪之、赵孟頫、吴澄、王守仁、洪钟、顾宪成、陆堦、袁枚、阮元、俞樾、章太炎、龚自珍……

杭州之所以在一千多年的历史演进中成为浙江省乃至全中国人文高峰独峙、望之巍然的重地名邦，和他们的贡献密不可分。

但是，我们又不能忽略了另外一条看起来是辅助，实际上又在推动杭州书院和儒家文化发展中有着非常重要地位的杭州名臣线。他们中间，很多是以大儒兼名臣的身份存在的，比如王守仁，比如阮元，即便是以名臣身份传世，他们自身也有很高的儒学修为，比如张鹏翮。

此外，我可能无法一一背出他们的名字，但是，我能感受得到，他们就在这西湖边，和你们一起，认真听着我最后的总结陈词。

哈哈，这不是鬼故事的现场，你们无需为此感到害怕。他们如果有精气，也一定是良善而充满慈爱的。毕竟，他们和我们一样，生生世世生活在这片美丽而多情的土地上，而看到你们在这盛世之下，接受更好的教育，也一定让他们备感宽慰。

一线大儒，一线名臣，记住这两条线索，我们这堂辅导课的核心和灵魂就容易记住了。

以后，无论你们读北京大学还是清华大学，读到硕士还是博士，请一定记住，杭州是你们教育的起点。而一线大儒，一线名臣，就是你们的精神原乡。

是的，我们还能在这里相遇，就像这些大儒和名臣，总会在杭州，在西湖边相遇一样。这些千百次的偶然里，存在着历史的必然。

再见了。同学们，你们听，钟声响了，这是唤归的钟声，在你们，也是唤读的钟声。

参考文献

1. 邓洪波：《中国书院史》（增订版），武汉大学出版社，2012 年。

2. 马晓春:《杭州书院史》,中国社会科学出版社,2015 年。

3. 辛薇主编：《南宋史及南宋都城临安研究（续）》，人民出版社，2013 年。

4. 吕宗力主编：《中国历代官制大辞典》（修订版），商务印书馆，2015 年。

5. 金志敏：《万松书院名人志略》，西泠印社出版社，2015 年。

6. 刘樟荣主编：《天目书院古今》，浙江古籍出版社，2006 年。

7. 淳安县政协文史和教文卫体委员会：《瀛山书院志》，“淳安古籍文献丛书”第十六卷。

8. 马时雍主编 :《万松书院》，杭州出版社，2003 年。

9. 黄卓娅：《予梦西湖湖梦予——心学大师王阳明与杭州》，杭州出版社，2017 年。

10. 冷晓：《康熙、乾隆两帝与西湖》，杭州出版社，2005 年。

11. 王国平总主编：《西湖文献集成续辑》第 15 册《西湖书院史料（二）》，杭州出版社，2016 年。

12. 任道斌：《赵孟頫系年》，河南人民出版社，1984 年。

13. 赵维江：《赵孟頫与管道升》，中华书局，2004 年。

14.〔清〕张鉴等：《阮元年谱》，中华书局，2006 年。

15. 陈居渊：《阮元》，陕西师范大学出版社，2017 年。

16. 郭明道：《阮元评传》，社会科学文献出版社，2005 年。

17. 伍立杨：《潜龙在渊：章太炎传》，作家出版社，2015 年。

18. 王开琸、胡宗楙、高畑常信：《张栻年谱》，邓洪波辑校，科学出版社，2017 年。

19. 东方旭：《吴澄评传》，南京大学出版社，2005 年。

20. 钱明：《王阳明与明代杭州书院》，《杭州》2009 年第 12 期。

21. 钱明：《王阳明与杭州》，《杭州研究》2009 年第 2 期。

22. 周膺：《杭州洪氏家族及其家族文化》，《浙江社会科学》2007 年第 5 期。

23. 赵天叶：《赵孟頫与李衎的杭州行迹》，《杭州》2018 年第 24 期。

24. 郭墨寒：《日本国立国会图书馆藏井上陈政〈禹域游记〉稿本考述》，《图书馆杂志》2017 年第 6 期。

25. 陆春祥：《第一流人物范仲淹》，《光明日报》2020 年 5 月 1 日，第 5 版。

26. 王水涣：《身后赵孟頫——政治与艺术交集中的一个思想史案例》，载《首届清华青年史学论坛论文集》，2007 年。

27. 陈琳：《半亩方塘考辨》，《艺苑》2017 年 S1 期。

28. 俞国林、朱兆虎：《章太炎上曲园老人手札考释》，《文献》2016 年第 1 期。

29. 王涛锴：《西湖梦寻：17 世纪杭州士人的社会网络与文化生活》，南开大学博士学位论文，2012 年。

30. 方勇骏：《民国理学家群体的政治认同及其嬗变——以灵峰精舍为例》，《中国社会历史评论》2015 年第 1 期。

丛书编辑部

艾晓静　包可汗　安蓉泉　李方存　杨　流
杨海燕　肖华燕　吴云倩　何晓原　张美虎
陈　波　陈炯磊　尚佐文　周小忠　胡征宇
姜青青　钱登科　郭泰鸿　陶文杰　潘韶京
（按姓氏笔画排序）

特别鸣谢

魏皓奔　杨作民　丁云川　徐海荣（系列专家组）
魏皓奔　赵一新　孙玉卿（综合专家组）
夏　烈（文艺评论家审读组）

供图单位和图片作者

杭州市文物保护管理所
马圣燕　张国栋　周兔英　姚建心　韩　盛
（按姓氏笔画排序）